RANDALL LANE E COLABORADORES DA FORBES

PENSE COMO OS NOVOS
BILIONÁRIOS

FACEBOOK, DROPBOX, TESLA, SPOTIFY, TWITTER, AIRBNB, SNAPCHAT, WHATSAPP

RANDALL LANE E COLABORADORES DA FORBES

PENSE COMO OS NOVOS
BILIONÁRIOS

FACEBOOK, DROPBOX, TESLA, SPOTIFY, TWITTER, AIRBNB, SNAPCHAT, WHATSAPP

ENTENDA
A MENTE DOS
CRIADORES DAS
EMPRESAS
QUE ESTÃO
REVOLUCIONANDO
O MUNDO

hsm

Copyright © 2014 HSM do Brasil S.A. para a presente edição
Copyright © 2015 by Randall Lane

Publisher: Alexandre Braga
Coordenação de produção: Carolina Palharini
Tradução: Cristina Yamagami
Produção e diagramação: Casa de Ideias

Todos os direitos reservados. Nenhum trecho desta obra pode ser reproduzido — por qualquer forma ou meio, mecânico ou eletrônico, fotocópia, gravação etc. — nem estocado ou apropriado em sistema de imagens sem a expressa autorização da HSM do Brasil.

Dados Internacionais de Catalogação na Publicação (CIP)
Angélica Ilacqua CRB-8/7057

Lane, Randall
   Pense como os novos bilionários : Facebook, Dropbox, Tesla, Spotify, Twitter, Airbnb, Snapchat, Whatsapp. Entenda a mente dos criadores das empresas que estão revolucionando o mundo / Randall Lane ; tradução de Cristina Yamagami ; coordenação de Alexandre Braga. -- São Paulo : HSM do Brasil, 2015.
   192 p.

Bibliografia
ISBN 978-85-67389-55-4
Título original: You only have to be right once

1. Profissionais de negócios 2. Empreendedorismo 3. Internet – Negócios 4. Liderança 5. Estratégia 5. I. Título II. Yamagami, Cristina III. Braga, Alexandre

15-1247   CDD 384.3

Índices para catálogo sistemático:

1. Profissionais de negócios - Internet

HSM do Brasil
Alameda Tocantins, 125 — 34º andar
Barueri-SP. 06.455-020
Vendas Corporativas: (11) 4689-6494

SUMÁRIO

INTRODUÇÃO   VII

CAPÍTULO 1
SEAN PARKER, FACEBOOK: O MESTRE DA DISRUPÇÃO   1

CAPÍTULO 2
DREW HOUSTON, DROPBOX: CHEGA DE COMIDA DE MICRO-ONDAS   15

CAPÍTULO 3
ELON MUSK, TESLA MOTORS E SPACEX: UM MERGULHO NA
MENTE DO HOMEM DE FERRO   26

CAPÍTULO 4
KEVIN SYSTROM, INSTAGRAM: SEM RECEITA?
SEM MODELO DE RECEITA? SEM PROBLEMA!   36

CAPÍTULO 5
DANIEL EK, SPOTIFY: O HACKER DA INDÚSTRIA DA MÚSICA   47

CAPÍTULO 6
AARON LEVIE, BOX: O HOMEM QUE QUERIA SER BILL GATES 58

CAPÍTULO 7
JACK DORSEY, TWITTER, SQUARE: PAU PARA TODA OBRA 69

CAPÍTULO 8:
DAVID KARP, TUMBLR: UM PROJETO ARTÍSTICO DE US$ 1 BILHÃO 78

CAPÍTULO 9
NICK WOODMAN, GOPRO: A CAMINHO DE SER UM TRILIONÁRIO 91

CAPÍTULO 10
BRIAN CHESKY, AIRBNB: O CORRETOR DE IMÓVEIS DA ECONOMIA DO
COMPARTILHAMENTO 101

CAPÍTULO 11
ALEX KARP, PALANTIR: O BIG BROTHER 108

CAPÍTULO 12
PEJMAN NOZAD, INVESTIDOR-ANJO: A CINDERELA DO VALE DO SILÍCIO 122

CAPÍTULO 13
EVAN SPIEGEL, SNAPCHAT: UMA APOSTA DE US$ 3 BILHÕES 133

CAPÍTULO 14
PALMER LUCKEY, OCULUS VR: A REALIDADE É VIRTUAL,
MAS A FORTUNA É BEM TANGÍVEL 146

CAPÍTULO 15
ADI TATARKO, HOUZZ: CHUTANDO A PORTA DO CLUBE DO BOLINHA 156

CAPÍTULO 16
JAN KOUM, WHATSAPP: O GAROTO-PROPAGANDA DO SONHO AMERICANO 165

INTRODUÇÃO

Enfiado num canto, Sean Parker tinha o olhar distante de quem acabara de chegar à festa e não conhecia muita gente. A "festa" em questão era um sarau da indústria da mídia no descolado Monkey Bar, em Nova York, no dia 4 de outubro de 2011. Considerando que duas semanas antes Parker tinha sido a primeira pessoa a sair na capa da *Forbes* desde que reassumi o cargo de editor da revista, achei que seria interessante eu me apresentar.

"Sei quem você é", Parker respondeu, recitando rapidamente um breve resumo da minha formação e histórico pessoal, o posicionamento da *Forbes* no mercado e as minhas metas para a revista. Ele explicou sua obsessão (típica) com um monólogo que poderia ser resumido em uma única palavra: *obrigado*.

Não que a capa da *Forbes* tivesse sido uma carta de amor sentimental. O artigo revelou o polímata que ajudou a formar o Napster, o Facebook e o Spotify com todas as suas idiossincrasias e defeitos. No entanto, até a publicação daquele artigo — visto mais de 700 mil vezes na internet e lido por outros milhões de leitores da revista impressa —, o mundo o via como o vilão interpretado por Justin Timberlake no filme *A rede social*, de David Fincher. Até Mark Zuckerberg reconheceu que o filme não fez justiça a Parker e não representou bem os fatos. Reduzido a uma caricatura do empresário maligno, Parker passou dois meses entrincheirado no Peninsula Hotel em Los Angeles, onde engordou 13 quilos.

Sua noiva, de 22 anos, o ajudou a vencer a depressão e recuperar a forma. E lá estava Parker, de volta à antiga forma, como o protagonista impetuoso de uma história que tinha muito pouco a ver com o Facebook e parecia centenas de vezes mais importante. Estou falando da história de como um grupinho de ousados aventureiros digitais deu de ombros à Grande Recessão e revolucionou o modo como setores inteiros atuam e enormes fortunas são criadas.

No dia seguinte à minha conversa com Parker, Steve Jobs faleceu. Ele tinha sido o exemplo perfeito da *velha* nova guarda, um dos deuses da trindade dos empreendedores da tecnologia, ao lado de Bill Gates e Michael Dell. Duas gerações antes, na época também jovens de 20 anos, eles tiveram um gostinho do poder disruptivo da tecnologia. E agora Jobs estava morto. Gates tinha se transformado num filantropo em tempo integral. E a empresa de Dell, como a Apple e a Microsoft, era vista por essa nova geração como uma presa obesa, e não como um predador faminto.

Todo mundo já ouviu essa história. Os primeiros cinquenta anos da era da informática nos Estados Unidos testemunharam ondas incessantes de jovens confrontando os mais velhos. Na minha primeira passagem pela *Forbes*, quando eu tinha acabado de me formar, no início dos anos 1990, escrevi sobre a Geração X, tecnologicamente experiente, que valorizava mais o empreendedorismo do que subir pela hierarquia corporativa e que, impulsionada pela ascensão e queda original das pontocoms, criou um punhado de empreendimentos de sucesso estrondoso, com destaque para o Google e o eBay.

Desta vez, contudo, os impulsionadores passaram por uma aceleração exponencial. Esse novo modelo de rebeldes insurgentes, não só conhece muito bem a tecnologia como não consegue se lembrar de um mundo sem a internet. Assim, o novo rebelde não se contenta mais com apenas conquistar o espaço tecnológico. Para ele, o espaço tecnológico agora engloba *todos* os setores, inclusive o hoteleiro, a indústria da música e o de transportes. E esses setores estão prontos para ser saqueados.

E depois vem a questão de como bancar os empreendimentos. Ainda não temos como saber se essa nova onda vai se revelar outra bolha financeira. Afinal, é difícil apostar contra quando um app de apenas 5 anos que coloca os usuários em contato direto com automóveis com condutor, o Uber, consegue arrecadar um financiamento de *venture capital* com uma avaliação de nada menos que US$ 17 bilhões. E é inegável que estamos diante da máquina de produção de riqueza mais prodigiosa da história da humanidade. Zuckerberg, que, aos 30 anos, valia US$ 30 bilhões, pode ser o garoto-propaganda dessa nova geração, mas está longe de ser um caso isolado. Quase uma dúzia de norte-americanos, que só não podem concorrer à presidência da nação por serem jovens demais, também fez a própria fortuna nos últimos cinco anos. Além disso, nenhum integrante desse grupo de jovens bilionários considera esse fato particularmente incomum. Na verdade, eles acham que esse sucesso todo é um *direito* deles.

A juventude deixou oficialmente de ser uma desvantagem, subvertendo praticamente todas as bases da história civilizada. Outrora, se fosse um ferreiro ou um advogado, você seria mais valorizado com o passar dos anos, à medida que acumulava sabedoria e experiência. Os tempos mudaram. Nos últimos vinte anos, se o seu computador quebrasse, você iria preferir chamar um técnico de 25 anos, e não outro de 50 anos, para consertar sua máquina. Os *venture capitalists* passaram dez anos favorecendo jovens "nativos digitais" a veteranos do setor da tecnologia, contanto que os primeiros tivessem a supervisão de um "adulto" operacional. Hoje em dia, esse requisito não existe mais, e o "adulto" passou a ser dispensável. Os jovens estão no comando.

E, ao contrário dos administradores de fundos hedge da década anterior, que ganharam a fama (justificada) de embolsar bilhões de dólares sem criar nada (tirando as complexas estruturas financeiras que acabaram derrubando todo o resto), ninguém se ressente dos jovens empreendedores. Muito pelo contrário, são heróis populares cortando os céus do país em seus jatinhos de luxo.

Eles ganham essa aura de heroísmo porque são vistos como merecedores de suas fortunas. Os altos riscos fazem com que as ideias e a execução técnica sejam mais importantes que as conexões e a arte de vender. Ao ler este livro, você verá uma correlação muito maior entre o sucesso financeiro e o tempo passado como hacker adolescente do que o nome do papai em um prédio da Harvard. Os engenheiros venceram os vendedores. O machismo ainda predomina nesse clubinho de meninos programadores (não fui eu que escolhi encher este livro de exemplos do sexo masculino, já que são raras as mulheres que lançaram importantes startups tecnológicas). Basta perguntar a Jan Koum, Pejman Nozad ou Daniel Ek. O Sonho Americano nunca foi tão possível. O único nepotismo que conheço é ser colega de quarto, amigo ou colega de fraternidade de um catalisador. (Por volta de 2010, não existia título melhor do que ser um "cofundador".) É difícil se ressentir de alguém que teve as mesmas chances que você.

Para mim, contudo, o ponto em comum mais importante de todos os capítulos deste livro, o fator que rende aos jovens empreendedores tantos elogios e bajulação, pode ser resumido em uma só palavra: individualismo. A recuperação da crise foi uma das mais tépidas da história dos Estados Unidos, especialmente no que se refere ao mercado de trabalho. Onde os outros veem um mundo estagnado, esses caras veem uma corrida do ouro e *agem de acordo*. Eles preferem muito mais se arrepender daquilo que fizeram do que daquilo que deixaram de fazer. Jobs, Gates e Dell ensinaram ao mundo que tudo bem largar a faculdade. Os jovens empreendedores de hoje estão ensinando que é praticamente uma medalha de honra poder dizer que você abandonou a faculdade. (Evan Spiegel, do Snapchat, largou a Stanford no meio de uma aula, um mês antes de se formar... para defender seus valores.)

O fracasso é uma opção aceitável. São raríssimos os exemplos apresentados neste livro que não tiveram um gostinho do fracasso. Na verdade, os *venture capitalists* veem o fracasso como uma vantagem e tendem a alocar mais fundos se você teve a sorte de cometer erros bancado por alguma outra pessoa. Todo o ecossistema do *venture capital* se fundamenta em fracassos, na ideia de que uma taxa de sucesso de um em dez é aceitável, contanto que o sucesso seja estrondoso. Os maiores sucessos acontecem quando as pessoas não têm medo de fracassar (uma visão decididamente norte-americana que explica por que quase todas as inovações da era da internet vieram dos Estados Unidos).

Os escritores e os pesquisadores da *Forbes* merecem os créditos por encontrar e expor o desfile interminável de barões da era digital apresentado neste livro. George Anders, Victoria Barrett, Jeff Bercovici, Steve Bertoni, Abram Brown, J. J. Colao, Hannah Elliott, David Ewalt, Tomio Geron, Andy Greenberg, Ryan Mac, Parmy Olson e Eric Savitz: este livro, em grande extensão, é de vocês. Na Portfolio, da Penguin, sou grato a Adrian Zackheim, Natalie Horbachevsky e Will Weisser, que reconheceram imediatamente o poder e a importância do livro que escrevemos e correram na velocidade de uma startup para levá-lo ao mercado. Na *Forbes*, duas pessoas merecem agradecimentos especiais: Lewis D'Vorkin, o diretor de produtos, cujo retorno à revista quatro anos atrás levou um novo enfoque às crônicas do capitalismo empreendedor baseado em pessoas, tendo preparado o terreno para muitas das histórias que você lerá neste livro; e Bruce Upbin, o editor-chefe que supervisiona a cobertura da área da tecnologia e que participou das origens de todas as biografias deste livro.

Nos últimos três anos, meu trabalho me proporcionou o ponto de vista perfeito para constatar a ascensão dessa onda, já que a *Forbes*, a cronista do capitalismo, se tornou o local preferido para se apresentar (ou se reapresentar) ao mundo. A maioria dos capítulos deste livro nasceu como artigos de capa da *Forbes*. Os fatos apresentados em todos os capítulos foram atualizados, resultando em uma imagem precisa da realidade quando o livro entrou em gráfica, em meados de 2014. Eu os organizei mais ou menos na sequência, com base no momento em que as empresas começaram a decolar. Mesmo no período relativamente breve de três anos entre os perfis, apesar de as características básicas permanecerem constantes, você verá os números aumentando cada vez mais.

O que nos leva de volta àquele sarau com Sean Parker. A fala mais famosa atribuída a ele em *A rede social* foi seu conselho a Zuckerberg no primeiro encontro deles: "Um milhão de dólares não é legal. Sabe o que é legal? Um bilhão de dólares". Ele me disse que aquilo não passou de uma invenção de Hollywood. Ele nunca disse aquilo. E, mesmo se tivesse dito, à medida que você avança pelos capítulos deste livro, vai reconhecer um segundo nível de extravagância. No universo da nova elite da tecnologia, um bilhão de dólares não é mais legal. Dez bilhões é legal.

— Randall Lane, 20 de agosto de 2014
@RandallLane

CAPÍTULO UM

SEAN PARKER, FACEBOOK: O MESTRE DA DISRUPÇÃO

A evolução da internet, que passou de um brinquedo de hackers sem qualquer restrição a uma máquina de gerar riquezas ilimitadas, é personificada na figura de uma pessoa: Sean Parker. Parker foi o cofundador adolescente do Napster, o site de pirataria de músicas que quase derrubou a indústria fonográfica, e ganhou fama mesmo diante da possibilidade de ter de declarar falência e ir para a cadeia. Já com 20 e tantos anos, nomeado presidente do Facebook e encarregado de ser o tutor adulto de Mark Zuckerberg na empresa, ele consolidou sua reputação de "bad boy" digital ao mesmo tempo que embolsou alguns bilhões de dólares. Mas, quando Steven Bertoni se pôs a investigar a vida do caprichoso Parker em 2011, ele encontrou evidências de veracidade no velho ditado sobre a riqueza comprar felicidade. Parker, então se recuperando de uma cirurgia e tendo acabado de ser rotulado como um vilão do mundo da tecnologia graças ao filme *A rede social*, de David Fincher, transformou-se em um eremita e passou dois meses enfiado no Hotel Peninsula de Los Angeles, como um Howard Hughes do mundo digital. Quando saiu da toca, convidou Bertoni para o que deveria ter sido um encontro relativamente breve em sua nova residência de US$ 20 milhões no Greenwich Village, em Nova York. O encontro acabou se estendendo e se transformou em um jantar com sushis meticulosamente selecionados. Duas garrafas de um saquê caríssimo depois, o encontro se estendeu ainda mais, incluindo uma viagem à Costa Oeste num jatinho de luxo fretado, enquanto Parker discorria sobre seus vários interesses. Na época, a nova paixão dele era a Airtime, um serviço de compartilhamento de vídeos que ele mantinha zelosamente em sigilo... e que acabou indo por água abaixo. Nada de mais. Estamos falando de um sujeito com um enorme talento para identificar problemas e que não vê problema algum se nem todas as soluções derem certo. Ele também bancou o Spotify, uma reencarnação legal do Napster, que, em 2014, foi avaliada em mais de US$ 4 bilhões.

D irigindo-se à sua propriedade de aproximadamente 73 mil metros quadrados em Marin County, na região da Baía de São Francisco, Sean Parker rompeu a névoa noturna que pairava sobre a Golden Gate em um furtivo Audi S6 equipado com um motor de Lamborghini, com uma pálida mão sobre o volante enquanto a outra zapeava por milhares de canções no sistema de som automotivo.

O ex-presidente do Facebook tinha tido um dia ocupado, como sempre. Nas últimas dez horas ele havia entrevistado dois potenciais vice-presidentes para a sua nova startup de vídeo, passado horas respondendo a e-mails sobre a plataforma de música que ele estava financiando, o Spotify, e se reunido com um CEO potencial para seu app de campanhas de caridade e conscientização no Facebook, o Causes. Ele também tinha contratado bandas e batido boca com fornecedores para organizar sua festa de noivado, que ocorreria em Nova Jersey na noite em que o Furacão Irene varreu o Nordeste dos Estados Unidos (e ilhou Lenny Kravitz na Carolina do Norte, que acabou sendo substituído pelo Cold War Kids). No fim do dia, ele saiu do trabalho para jantar com Jack Dorsey, o cofundador do Twitter, rival do Facebook, e CEO do Square, um serviço de pagamentos. Depois do jantar, no restaurante, ele entrevistou outro potencial diretor para o Causes. Quando me deixou no meu hotel, já eram 11 e meia da noite e o dia de Parker ainda estava pela metade.

Parker passou as próximas seis horas mandando e-mails e entrou na sua página privada do Facebook. Na tarde do dia anterior — ou daquele mesmo dia, se você seguir o relógio biológico de Parker —, o mundo ficou sabendo que Steve Jobs tinha se demitido da Apple. Lá pelas seis da manhã, Parker postou a seguinte citação de Schopenhauer: "Pode suceder sentirmos a morte dos nossos inimigos e dos nossos adversários, mesmo passado grande número de anos, quase tanto quanto como a dos nossos amigos — é quando vemos que nos fazem falta para serem testemunhas dos nossos brilhantes sucessos". O post se espalhou imediatamente. O site de fofocas Gawker o acusou de sapatear no túmulo de Jobs. Ele mandou um e-mail ao Gawker explicando que a citação era uma homenagem a Jobs, seu ídolo de longa data e rival só recentemente (o iTunes contra o Spotify). Ele foi dormir pouco antes das sete da manhã. Quatro horas depois, já estava de pé, pronto para começar de novo.

Caprichoso, maníaco e imprevisível, Parker irrita os investidores, tendo sido chutado das três empresas que ajudou a criar logo depois que elas decolaram. "Ele é visto como uma incógnita, e os *venture capitalists* adoram ter o controle das coisas", explicou Dustin Moskovitz, cofundador do Facebook. Mas os *venture capitalists* também adoram grandes ideias e Parker tem um monte delas. Tanto que Reid Hoffman, o fundador do LinkedIn, o chama de um "puta visionário". No que se refere a maquinações na sala do conselho, ele não tem nada a ver com sua representação ficcional em *A rede social*. "O filme precisava de um antagonista, mas não foi esse o papel dele na verdade", disse Chamath Palihapitiya, ex-diretor de expansão do Facebook. "Na verdade ele é exatamente o contrário do que mostram no filme."

Em resumo, Sean Parker é um catalisador humano, um acelerador de ideias que, combinado com as pessoas certas, deu ímpeto a algumas das empresas mais desestabilizadoras das duas últimas décadas. Com apenas 19 anos, ele implodiu a indústria fonográfica ao cofundar o site de compartilhamento de músicas Napster. Dois anos depois, seu serviço de agenda de contatos on-line, o Plaxo, demonstrou o poder da propagação digital, um poder que ele levou ainda mais longe quando, aos 24 anos, atuou como presidente do Facebook, ajudando a rede social a se tornar a mais importante empresa da internet desde, bem... talvez desde sempre. Sim, as três empresas, sem exceção, acabaram lhe dando um belo pé no traseiro, mas, aos 31 anos, ele já tinha acumulado patrimônio suficiente para se vangloriar de uma fortuna de mais de US$ 2 bilhões. E ele só estava começando.

Em 2011, ele estava decidido a dar uma nova reviravolta no mercado musical, levando a plataforma sueca de músicas Spotify aos Estados Unidos e arquitetando o modo como o serviço funcionaria aliado ao Facebook. Na qualidade de partner geral da empresa de *venture capital* Founders Fund, ele também estava à caça de novas startups e voltando a se aliar com Shawn Fanning, do Napster, para criar o Airtime, um site de vídeos ao vivo.

A rede de relacionamentos pessoais de Parker é impressionante, fruto de uma combinação de visão e sorte. Desde a adolescência, quando trabalhou como estagiário para Mark Pincus (hoje presidente do conselho da Zynga), Parker firmou parcerias, de uma forma ou de outra, com os homens que hoje controlam a internet moderna: Mark Zuckerberg, Mike Moritz, Peter Thiel, Reid Hoffman, Yuri Milner, Dustin Moskovitz, Adam D'Angelo, Daniel Ek, Ron Conway, Ram Shriram e Jim Breyer.

"Ele consegue ver coisas que a maioria das pessoas só vai conseguir ver daqui a um ou dois anos", disse Palihapitiya. Segundo a descrição de Shervin Pishevar, da Menlo Ventures: "Parker tem acesso a tendências e sinais invisíveis para muitas pessoas. Para ele, é como ouvir um apito de cachorro". Parker não discordou: "Um monte de coisas é relevante para mim, mas o mundo leva um tempo para ver a mesma coisa". Parker é atraído a grandes problemas universais e passa anos em busca desses problemas. "A maioria de nós meio que concorda sobre as tendências gerais da história. O segredo é saber como a gente chega lá", disse o jovem bilionário enquanto arrastava sua cadeira na minha direção no escritório da casa que ele tinha acabado de comprar por US$ 20 milhões em Manhattan. "As estratégias de transição são mais importantes do que saber qual vai ser o estado final."

Ao focar a seleção do problema, em vez de se concentrar em uma inovação que ninguém quer, como tantos empresários afobados fazem, Parker se posiciona para conquistar a série de sucessos estrondosos que seus críticos atribuem sem pensar a uma sequência de golpes de sorte. O Napster foi a transição de CDs a MP3s depois que a internet possibilitou separar o conteúdo de seu recipiente. O Facebook foi um veículo para criar uma identidade confiável num mundo on-line anônimo. O

Spotify é uma tentativa de consertar a mesma indústria fonográfica que o Napster ajudou a quebrar uma década antes. "Ele vê as tendências do mundo e pondera a respeito", explicou Daniel Ek, fundador do Spotify. "Se ele vê uma empresa que acha que vai vencer, ele mesmo cria essa empresa."

Esse profundo pensamento investigativo se reflete em tudo na vida dele. Faça a Parker uma pergunta sobre as origens de sua antiga empresa Plaxo e ele se põe a teorizar sobre como os vírus biológicos se espalham por populações inteiras. Antes de revelar seu restaurante de sushi preferido — quando fomos jantar em Nova York, ele ligou para cinco restaurantes japoneses para descobrir qual chef cortaria o peixe naquela noite —, ele discorre sobre a densidade do arroz e a forma geométrica ideal para cortes de sushi (trapézios). Basta perguntar a esse fanático por música qual é a melhor marca de fones de ouvido e a resposta é uma verdadeira aula sobre como as ondas sonoras são registradas pelas nossas membranas timpânicas. Se você perguntar que horas são, corre o risco de ele lhe explicar antes como montar um relógio.

"A nossa conversa estava programada para durar uma hora, mas acabamos conversando três horas", lembrou Reid Hoffman sobre a primeira reunião deles em 2002. Jack Dorsey teve a mesma experiência: "É muito raro encontrar alguém capaz de ter esse tipo de conversa... Eu adoro qualquer papo que me deixe questionando a mim mesmo e às minhas ideias".

Assim, a vida de Parker se torna impermeável ao tempo, um fato que amigos e parceiros de negócios reconhecem com um sorriso derrotado. Peter Thiel diz que Parker tem uma "falta de pontualidade dramática". Ek consegue lidar com Parker dizendo que a reunião é às 11 da manhã e informando os outros participantes que ela começa à uma da tarde. Chega a ter um nome no Vale do Silício para o fenômeno: Horário Padrão Sean.

"Não é legal obrigar as pessoas a esperar e não honrar todas as suas obrigações. Eu provavelmente fico mais chateado com isso do que as pessoas imaginam, mas não é por mal", Parker disse. Quando está focado em uma tarefa, ele bloqueia todo o resto e entra numa espécie de transe. O mundo externo desaparece e o tempo voa. "Sei que acabo tendo de reagendar muita coisa, mas tento focar nas coisas que têm mais valor e em fazer essas coisas à perfeição."

A definição de "fazer à perfeição" de Parker é radical. Para tirar a foto para a capa da *Forbes*, ele pediu três araras cheias de ternos italianos. Vinte camisas — ainda embaladas — aguardavam no sofá de sua casa no Greenwich Village. Fileiras de óculos e óculos de sol cobriam a mesa de centro, pilhas de suspensórios e gravatas cobriam cadeiras, sapatos de couro, mocassins e botas se enfileiravam contra a parede, provavelmente totalizando o valor de uma loja de sapatos inteira. A sessão de fotos estava agendada para as quatro da tarde e Sean apareceu às cinco e meia, acompanhado de uma comitiva adequada para a ocasião: um estilista de roupas, cabeleireiro, maquiador, assistente, agente de relações públicas, alfaiate e sua noiva (hoje esposa), Alexandra Lenas.

Durante a sessão, Parker trocou de roupa mais vezes do que uma atração musical em Las Vegas. Vestiu ternos minimalistas, ternos de três peças, cardigãs casuais com jeans de estilistas famosos. Ficou obcecado com o espaçamento dos suspensórios e checou três vezes se o tom de vermelho de sua gravata *skinny* combinava com o tom de vermelho de seus óculos moderninhos. Em certo ponto, ele fez uma pausa para um lanche. Dez minutos depois, estava na cozinha, usando um terno escuro Christian Dior, mexendo um molho caseiro numa tigela. Na ocasião, ele estava tentando perder peso e só comia verduras e legumes. O molho caseiro estava ralo demais e ele tinha colocado creme de leite para dar mais consistência. Seu assistente (um de seus três assistentes) o puxou de volta para a frente da câmera. Depois de centenas de fotos em quatro ambientes da casa, a sessão foi concluída às duas da madrugada, constituindo um exemplo perfeito e bem calibrado do Horário Padrão de Sean.

Dois dias depois, cheguei à casa dele às 11 da noite. Um jato Gulfstream G450 fretado estava agendado para ir de São Francisco a Teterboro, no estado de Nova Jersey, e deveria decolar à meia-noite em ponto. Parker estava em uma reunião com Ek, do Spotify. Quando deu a meia-noite e Parker ainda não tinha chegado, fiquei um pouco nervoso. Os outros só bocejaram. Parker entrou às duas da manhã como se fosse a coisa mais normal do mundo... e ainda tinha de fazer as malas e tomar um banho. Às três e meia, um Cadillac modelo Escalade foi carregado com a bagagem e o frango frito para viagem do Blue Ribbon, um restaurante gourmet nova-iorquino que fica aberto até tarde, e lá fomos nós, cruzando o Rio Hudson.

O jato decolou às quatro da madrugada, meia hora antes de os pilotos serem impedidos de voar pelas leis de fadiga em jornada aeronáutica da Agência Federal de Aviação dos Estados Unidos. Quando acordei, dei de cara com uma vista para o deserto da Califórnia pela janela do avião e com Parker sentado na minha frente, comendo um pedaço de frango frito, agora que a sua dieta vegetariana já tinha terminado. "Dormiu bem?". Pousamos em São Francisco às nove da manhã e outro Escalade nos levou para Marin County. Cada um foi para um lado para pegar algumas horas de sono antes que Parker, ansioso para se reunir com colegas e potenciais colaboradores, começasse a fervilhar em atividade em São Francisco e no Vale do Silício.

A jornada de Parker a caminho do Vale do Silício começou no dia em que seu pai, Bruce, que tinha sido o cientista-chefe da Administração Oceânica e Atmosférica Nacional, lhe ensinou como programar um Atari 800. Parker estava na segunda série. Quando chegou ao ensino médio, já estava hackeando empresas e universidades (usando o apelido de "dob", que ele escolheu pela simetria estética). Quando tinha 15 anos, sua carreira de hacker-mirim chamou a atenção do FBI e ele teve de cumprir serviço comunitário. Aos 16, ele ficou em primeiro lugar na feira de ciência da computação do estado de Virgínia por desenvolver um rastreador da web (*web crawler*) pioneiro e foi recrutado pela CIA. Ele recusou a proposta e decidiu trabalhar como estagiário na startup de Mark Pincus em Washington, D. C., a Freeloader, e depois na UUNET, um dos primeiros provedores de internet. "Eu não queria estudar", ele contou. "Eu estava tecnicamente num programa de educação por estágio, mas na verdade só queria trabalhar." Parker ganhou US$ 80 mil no último ano do ensino médio, o suficiente para convencer os pais a deixá-lo adiar a faculdade e firmar uma parceria com Shawn Fanning, um adolescente que ele tinha conhecido num fórum na internet discada, para fundar um site de compartilhamento de músicas, que se tornou o Napster em 1999.

Parker nunca chegou a fazer faculdade, mas aprendeu muito no Napster. "Eu meio que penso em termos da Universidade Napster. Foi um intensivão em legislação de propriedade intelectual, finanças corporativas, empreendedorismo e Direito", Parker descreveu. "Alguns dos e-mails que escrevi quando ainda era um moleque que não sabia nada de nada mais parecem livros didáticos [da faculdade de Direito]." Aqueles e-mails que admitiam que os clientes do Napster provavelmente estavam roubando músicas acabariam sendo usados como provas em processos de direitos autorais e forçariam o Napster a fechar as portas. Mas àquelas alturas Parker já tinha sido exilado pela administração da empresa e morava numa casa de praia na Carolina do Norte. "Na época eu não sabia que quando alguém sugere umas férias prolongadas isso basicamente é o prelúdio para uma demissão."

Enquanto trabalhava no Napster, Parker conheceu o investidor-anjo Ron Conway, que estava financiando outra empresa que ficava no mesmo prédio, em Santa Clara. Conway bancou todas as produções de Parker desde então.

Na primeira noite que passamos em São Francisco, Parker e eu visitamos Conway na varanda de sua casa com vista para a Baía Richardson. Bebemos Brunello e beliscamos prosciutto. "Passamos pelo inferno juntos", contou Conway, que financiou o Google, o PayPal, o Twitter e o FourSquare, entre outros.

O Napster era menos uma empresa e mais um eterno circo, um estranho emaranhado de pessoas que achavam que tinham entrado num movimento social de desertores, e não numa startup. "Muito do que aprendi no Napster envolveu aprender o que não fazer", Parker contou, enquanto Conway rabiscava anotações às pressas em um bloco de notas. Conway tinha aprendido a duras penas a ouvir Parker. "Quando Sean se tornou o presidente do Facebook, ele me ligou e disse: 'Você precisa dar uma olhada nessa empresa'. O que me mata é que eu poderia ter sido o Peter Thiel", Conway comentou, referindo-se ao investimento de Thiel no Facebook que fez dele um bilionário. "Mas eu disse: 'Você precisa botar ordem na casa no Plaxo, não me venha com essa coisa de Facebook'." Ele tomou um gole de vinho, balançou a cabeça e riu: "Não é fácil lembrar disso".

O Plaxo foi a primeira tentativa de Parker de criar uma empresa de verdade, um serviço on-line voltado a manter a agenda de contatos dos clientes atualizada. Parece um tédio em comparação com o Napster e o Facebook, mas o Plaxo foi uma das primeiras ferramentas de rede social e um pioneiro dos tipos de truques virais que ajudaram no crescimento do LinkedIn, da Zynga e do Facebook. "O Plaxo foi como a banda *indie* que o público não conhece mas que influenciou muito os outros músicos", Parker comparou.

Quando o usuário baixava o Plaxo, o programa enviava uma mensagem a todos os contatos da agenda e do e-mail do usuário, tentando convencê-los a se cadastrar no serviço. Quando um contato do primeiro usuário se inscrevia, o programa pegava todos os contatos do novo usuário e assim ia se espalhando. Em pouco tempo milhões de contas de e-mail já tinham recebido mensagens do Plaxo. "Em alguns aspectos, o Plaxo é a empresa da qual eu mais me orgulho, porque foi a que mais espalhou o caos no mundo", Parker comentou. Foram experiências como essas que posteriormente mudaram a história do Facebook.

Várias histórias diferentes são contadas para explicar o rápido exílio de Parker do Plaxo. Segundo o próprio Parker, Ram Shriram, na ocasião membro do conselho do Google recrutado para ajudar a administrar a empresa, conspirou para chutá-lo para fora e despojá-lo de sua participação acionária. "Ram Shriram entrou nesse jogo de vingança não só para forçar a minha saída da empresa, mas para me forçar a sair falido, sem um tostão no bolso, pobre e sem nenhuma opção."

Shriram se recusou a comentar sobre o caso, mas os cofundadores Todd Masonis e Cameron Ring contaram outra história. Segundo eles, Parker foi essencial para elaborar a estratégia da empresa e levantar fundos, mas ficou entediado com o dia a dia da administração. Masonis alegou que Parker muitas vezes se ausentava e, quando ia à empresa, só distraía os outros: "Ele não ia trabalhar, podia ir ao escritório às 11 da noite, mas não para trabalhar, e sim para levar um bando de garotas e mostrar que era o fundador de uma startup".

Não importa a razão, a demissão de Parker foi conturbada. Ele insistiu que os investidores tinham contratado um detetive particular para coletar evidências contra ele. Houve alegações de comportamento impróprio e uso de drogas, que nunca foram comprovadas. "A coisa toda foi muito mal conduzida. Deveríamos ter sido mais francos e nós mesmos deveríamos ter conduzido o processo", disse Ring. "Mas, olhando para trás agora, foi a decisão certa tanto para nós quanto para Sean."

Parker estava sozinho, isolado de seus cofundadores e de seus amigos mais próximos. "Eu perdi toda a fé na humanidade, sentia que alguma coisa terrível estava para acontecer e que eu não podia confiar em ninguém", Parker contou. Ele pensou em processar a empresa, mas sabia que a batalha poderia se arrastar por anos. Decidiu deixar quieto. Afinal, ele já tinha encontrado uma nova empresa com um enorme potencial.

Quando a namorada de um amigo (e não uma aventura de uma noite só, como no roteiro de Aaron Sorkin) mostrou o Facebook para Parker, ele já era um veterano das redes sociais, tanto devido à sua experiência no Plaxo quanto, mais diretamente, como um consultor do Friendster — o malfadado precursor do Facebook sobre o qual ele ficou sabendo por acaso quando os repórteres perguntaram se ele tinha um perfil no Friendster, cujo nome lembrava o Napster. Ele sabia que o mercado universitário estava pronto para ganhar a própria rede social — vários pequenos sites com essa proposta já tinham sido criados em universidades individuais — e o Facebook, que já tinha se estendido além do campus da Harvard, lhe daria uma chance de voltar ao jogo. Ele escreveu para o e-mail de contato do Facebook e acabou se encontrando com Zuckerberg e Eduardo Saverin num restaurante chinês de Manhattan na primavera de 2004.

Algumas semanas depois, ele encontrou por acaso com Zuckerberg e sua equipe nas ruas de Palo Alto e em pouco tempo já tinha se mudado para o quarto de Dustin Moskovitz na casa alugada do Facebook. "Foi a única coisa que o filme meio que quase acertou", brincou Adam D'Angelo, o primeiro presidente de tecnologia do Facebook, que conheci em Palo Alto na sede de sua empresa, o site de perguntas e respostas Quora.

Com apenas 24 anos, Parker era quem mais conhecia o mundo dos negócios no Facebook. Ele ajudou os jovens fundadores a fazer conexões no Vale do Silício, configurar roteadores e fez a ponte com investidores benevolentes, como Thiel, Hoffman e Pincus.

"Sean foi crucial para ajudar o Facebook a se transformar de um projeto de faculdade em uma empresa de verdade", Mark Zuckerberg contou num e-mail. "Talvez o mais importante, Sean convenceu qualquer pessoa interessada em investir no Facebook a se engajar não só na empresa, mas também na missão e na visão de abrir o mundo pelo compartilhamento."

Segundo D'Angelo, foi Parker quem reconheceu que o lado do design era tão vital quanto o lado da programação. "O primeiro funcionário [do Quora] que a gente contratou foi um designer, porque a gente sabia da importância do design para o Facebook." Junto com Aaron Sittig, um amigo da época do Napster que viria a se tornar o principal arquiteto do Facebook, Parker ajudou a idealizar o design minimalista do site. Ele fez questão de que o site tivesse um fluxo contínuo e que as tarefas, como adicionar amigos, fossem o mais facilitadas possível. "A gente queria que fosse como um serviço telefônico", Sittig explicou, "uma coisa que está lá mas ninguém presta atenção". Parker também ajudou a vender a função de compartilhamento de fotos do Facebook. Seria uma de suas últimas ações como presidente da empresa.

Em agosto de 2005, Parker foi interrogado na Carolina do Norte depois que policiais encontraram cocaína numa casa de praia alugada em seu nome. Ele nunca chegou a ser preso ou acusado, mas o incidente rapidamente deu o pontapé inicial em sua queda no Facebook.

Devido a cláusulas contratuais, os diretores não podem comentar sobre como ou por que ele foi deposto. Segundo os aliados de Parker, a Accel Partners se ressentiu por ele ter forçado o *venture capitalist* a investir no Facebook, que na ocasião estava avaliado em um recorde de US$ 100 milhões (desde então, a Accel investiu no Spotify e Jim Breyer, o astro da empresa, hoje afirma que Parker foi "de uma visão excepcional"). Parker tinha muitos aliados e a controvérsia da cocaína abriu um abismo entre os fundadores e os investidores. No final, Parker decidiu que seria melhor para o Facebook se ele renunciasse. Ele tinha sido chutado para fora de sua terceira empresa em um período de cinco anos. Mudou-se para Nova York, no outono de 2005, indo morar por um tempo com John Perry Barlow, o letrista do Grateful Dead e um amigo da época do Napster.

Embora não estivesse mais na folha de pagamento do Facebook, Parker continuou a aconselhar Zuckerberg sobre a estratégia da empresa e a recrutar executivos importantes, como Chamath Palihapitiya. Sittig contou que Parker continuou ajudando no design do site e foi uma grande influência externa no desenvolvimento do recurso "compartilhar" do Facebook, que permitia aos usuários fazer o upload de notícias, vídeos e outros conteúdos de terceiros. Ainda assim, talvez a maior contribuição de Parker ao Facebook tenha sido a criação de uma estrutura corporativa — com base em sua experiência no Plaxo —, que deu a Zuckerberg o controle total e permanente da empresa que fundou.

O plano de Parker fortalecia Zuckerberg com as chamadas "ações com direito a supervoto", que resistiam à diluição em iniciativas de angariação de fundos e o muniam de assentos suficientes no conselho de administração para que ele pudesse permanecer no poder pelo tempo que quisesse. "Sean foi fundamental para estruturar a empresa de um jeito que permitisse que Mark pudesse ficar no controle, com a capacidade de obter financiamentos de alta avaliação e baixa diluição e também em termos da própria estrutura do conselho de administração e outros detalhes do controle", explicou Dustin Moskovitz, cofundador do Facebook. "Ele estava saindo da situação problemática no Plaxo, um assunto delicado para ele."

Por essas e outras o modo como foi descrito em *A rede social* foi tão frustrante para ele. O Parker interpretado por Justin Timberlake é um oportunista cruel e arrogante que obriga Eduardo Saverin a sair da empresa e rouba suas ações. No Plaxo, Parker tinha sofrido na vida real exatamente o que o Saverin ficcional sofreu no filme. "Tudo bem ser retratado como um boêmio decadente, porque não vejo nenhum problema moral nisso", Parker explicou, acrescentando rapidamente que ele podia ter passado do ponto nas baladas. "Mas não gostei de ser retratado como um especulador mercenário e antiético, porque vejo um problema moral nisso."

O filme estreou em outubro de 2010 e foi um sucesso de crítica e de público. Foi um golpe duro para Parker. "Eu fiquei tão mal porque o filme foi um sucesso e o jeito como eles me mostraram estava tão longe da realidade que para mim foi muito duro, psicologicamente", Parker explicou. "Fiquei muito mal. Eu tinha terminado um namoro de quatro anos e tinha acabado de operar o joelho e não conseguia andar." Antes da estreia do filme, ele passou dois meses entocado numa suíte no Peninsula Hotel, em Los Angeles, e engordou 13 quilos. Além disso, também estava ocupado fazendo malabarismos com suas funções no Founders Fund, no Spotify e na startup Airtime.

Foi demais. Ele deu um tempo na Airtime, seu joelho sarou e um amigo em comum o apresentou à sua futura esposa, Lenas, uma cantora e compositora de 22 anos.

Apesar de todas as suas realizações, Parker no fundo continua sendo um hacker, motivado menos por dinheiro — apesar de a IPO do

Facebook ter catapultado seu patrimônio líquido, em meados de 2014, a US$ 3 bilhões — e mais pela vontade de dar uma bela chacoalhada no mundo. Por essa razão, ele nunca parou de pensar no Napster. Em 2010, oito anos depois de o Napster ter sido processado judicialmente e forçado a fechar as portas, Parker ainda procurava uma empresa capaz de cumprir a promessa do Napster de compartilhar músicas, mas dessa vez de uma forma que também remunerasse os músicos. Como o compartilhamento de fotos do Facebook, ele acreditava que a música seria um recurso interessante na formação de redes sociais. Ele só precisava de um veículo para compartilhar as músicas no Facebook.

Dois anos antes, um amigo tinha comentado sobre um site sueco de músicas chamado Spotify que oferecia, legalmente, músicas ilimitadas. Parker vasculhou sua rede de contatos em busca de alguém que pudesse apresentá-lo ao Spotify e, sem ao menos ver o produto em ação, enviou às cegas um e-mail ao fundador, Daniel Ek, descrevendo sua plataforma ideal de música e esperando que o Spotify se encaixasse na descrição.

Ek tinha sido um grande fã do Napster e as sugestões de Parker lhe chamaram a atenção: "Dava para ver que ele tinha conseguido passar mais tempo pensando sobre isso do que eu". Depois de uma troca de e-mails e um test-drive da plataforma, Parker se convenceu e tentou investir. Ek já tinha recebido uma injeção de fundos de Li Ka-Shing, o bilionário de Hong Kong, e não estava precisando de mais financiamento. Parker teria de provar seu valor para ser aceito na empresa. Ele apresentou o Spotify a Mark Zuckerberg (e um plano de integração com o Facebook se seguiu) e ajudou a abrir portas na Warner e na Universal, convencendo o conselho de administração do Spotify. Assim, Parker finalmente conseguiu investir cerca de US$ 30 milhões na empresa.

Em 2012, ele também investiu tempo e dinheiro no Airtime, um site onde amigos podem postar e comentar vídeos, o que lhe deu a chance de voltar a trabalhar com Fanning, seu antigo parceiro do Napster. Parker foi evasivo sobre os detalhes da plataforma, revelando apenas que o serviço ofereceria comunicação e compartilhamento em tempo real, recursos que ele considerava em falta na internet. "Meu argumento de vendas é a eliminação da solidão", Parker explicou. A Airtime incluiu um recurso de chat aleatório por vídeo, um conceito semelhante ao site voyeurista Chatroulette, hoje extinto. As ideias tinham dois temas em comum com todos os projetos de Parker: compartilhamento e descoberta. (Infelizmente, do mesmo modo que o Chatroulette, o Airtime não vingou.)

Ocupado com esses projetos, Parker passava o tempo todo em trânsito. Todo mês ele ia de Nova York (onde morava) a Los Angeles (para se reunir com executivos da indústria fonográfica) e a São Francisco (Founders Fund) e Estocolmo e Londres (Spotify). Ele mantém essa rotina até hoje, mas desacelerou um pouco desde o nascimento de sua filhinha Winter, em 2013. No meu último encontro com ele, perguntei em que estado ele declarava os impostos. "É uma ótima pergunta. Nem eu sei."

Nosso encontro em sua residência de Nova York estava marcado para começar à uma da tarde, mas atrasou. No dia seguinte, Parker tinha de ir a Estocolmo para ajudar a equipe de design a ajustar o processo de convites e melhorar outros recursos a tempo para o lançamento do Spotify no Facebook. "Tenho de ir à academia hoje à noite, preciso de mais uma hora para responder aos e-mails e tenho de fazer as malas para a minha viagem de duas semanas pela Europa", ele anunciou, olhando no relógio de uma das duas telas de computador sobre a mesa. São três da manhã. "Nem sei dizer ao certo se estou aqui faz duas horas ou vinte minutos."

CAPÍTULO DOIS

DREW HOUSTON, DROPBOX: CHEGA DE COMIDA DE MICRO-ONDAS

Tudo o que Drew Houston sabe sobre como administrar uma empresa ele aprendeu na fraternidade da faculdade. Tudo indica que você não precisaria de mais nada além disso se fosse um programador excepcional como ele. Quando estudava no MIT, farto de comer comida de micro-ondas, Houston decidiu que seria melhor abrir uma empresa e ficar rico. Ele só precisava de uma ideia, que teve quando estava num ônibus apenas com o laptop, mas os dados dos quais precisava estavam inacessíveis em outro computador. Pouco tempo depois, o compartilhamento de arquivos em nuvem foi disponibilizado para as massas. Quando **Victoria Barret** conversou com Houston no fim de 2011, o Dropbox, então com 4 anos, servia como sótão digital de 50 milhões de pessoas, armazenando fotos e arquivos dos usuários. O artigo de capa sobre ele publicado na *Forbes* no fim de 2011 causou sensação, sendo que mais de um milhão de pessoas leram o post na internet sobre o jovem de 26 anos que de repente passou a valer US$ 600 milhões. E ele só estava começando. Menos de três anos depois, 300 milhões de pessoas já usavam o Dropbox.

Uma enorme rodada de financiamento de US$ 325 milhões em 20 de abril lhe proporcionou fundos suficientes para fazer incursões no mercado corporativo e a cotação da empresa aumentou (US$ 9,5 bilhões) a ponto de dar a Houston, com menos de 30 anos, um patrimônio líquido de nada menos que US$ 1,4 bilhão. Isso sem dúvida vai subir ainda mais os preços das ações se a empresa levar a cabo seus planos de abrir o capital em 2015. "Preciso aprender como ser grande", Houston disse a Barret. De fato.

O que você está prestes a ler é uma rara história sobre Steve Jobs, que nunca foi contada, sobre a empresa que lhe escapou das mãos. Jobs vinha acompanhando a evolução de um jovem programador chamado Drew Houston, que entrou com tudo no radar da Apple quando fez a engenharia reversa do sistema de arquivos do iOS para incluir o logo de sua startup, uma caixa se abrindo. Nem mesmo uma equipe da SWAT da Apple tinha conseguido realizar tal façanha.

Em dezembro de 2009, Jobs chamou Houston e seu sócio, Arash Ferdowsi, para uma reunião no escritório de Cupertino. "Estou falando de ninguém menos que o próprio Steve Jobs", Houston lembrou. "Como é que alguém se prepara para uma reunião como essa?" Quando Houston pegou seu laptop para fazer uma demonstração, Jobs, com seu jeans e blusa de gola alta preta característicos, o mandou parar com frieza: "Eu sei o que você faz".

O que Houston "faz" é o Dropbox, o serviço de armazenamento digital que conquistou 275 milhões de usuários, com um novo usuário chegando a cada segundo que passa. Jobs, sempre um visionário, achava que aquele jovem seria um ativo estratégico para a Apple. Houston interrompeu a proposta de Jobs. Ele disse que estava decidido a construir uma grande empresa e jamais venderia o Dropbox, não importando quem fosse o comprador (Jobs era o herói de Houston) ou as perspectivas de um preço de nove dígitos (ele e Ferdowsi foram à reunião dirigindo um Prius da Zipcar).

Jobs sorriu afetuosamente enquanto lhes disse que iria atrás do mercado dele. "Ele disse que o que a gente tinha era só uma funcionalidade, não um produto", Houston contou. Por cortesia, Jobs passou a meia hora seguinte falando sobre seu retorno à Apple e discorrendo sobre as razões para não confiar nos investidores, enquanto a dupla — ou, mais precisamente, Houston, já que Ferdowsi anuía calado — o enchia de perguntas.

Depois, quando Jobs sugeriu um encontro no escritório do Dropbox, em São Francisco, Houston propôs uma reunião no Vale do Silício. "Para que dar o gostinho ao inimigo?", ele deu de ombros, desdenhoso. Jobs não deu mais as caras e só reapareceu em junho de 2011, em um último discurso programático no qual revelou o iCloud e criticou especificamente o Dropbox como sendo uma tentativa frustrada de resolver o mais complexo dilema da internet: como colocar todos os seus arquivos, de todos os seus dispositivos, em um só lugar?

Dessa vez, a reação de Houston foi menos desdenhosa: "Ah, que merda!". No dia seguinte, ele enviou uma mensagem à sua equipe: "Temos uma das empresas que mais crescem no mundo", a mensagem começava. Em seguida, ele apresentou uma lista de meteoros que outrora despencaram no chão: o MySpace, o Netscape, o Palm, o Yahoo.

A ascensão do Dropbox era tão impressionante quanto aquelas empresas meteóricas de outrora. Os 50 milhões de usuários em 2011 eram três vezes mais que o número de usuários do ano anterior e a empresa tinha conseguido resolver o eterno problema do "freemium": 96% dos usuários não pagam nada, mas a empresa conseguiu atingir a marca dos US$ 50 milhões em receitas naquele ano. Segundo Houston, esse valor bastava para fazer da Dropbox uma empresa lucrativa. Com apenas setenta funcionários, em sua maioria engenheiros, a Dropbox arrecadou quase três vezes mais por funcionário do que até mesmo a queridinha dos modelos de negócio, a Google.

E não era só isso. Aqueles 96% de usuários não pagantes armazenavam tantos arquivos no Dropbox com tamanha velocidade que milhares de pessoas por dia estouravam os 2 gigabytes de armazenamento grátis e faziam o upgrade para 50 gigas por US$ 10 mensais ou para 100 gigas por US$ 20. Enquanto repassávamos os números com Houston, ele observou que as vendas dobrariam mesmo se não atraísse nenhum novo usuário (de fato, em 2013, a Dropbox atingiu aproximadamente US$ 200 milhões em receitas) e fez uma pausa para saborear a doce inevitabilidade: "Mas é claro que vamos atrair muitos, muitos novos clientes". Em meados de 2014, o Dropbox já tinha 300 milhões de usuários.

Quando o Dropbox entrou no vocabulário das pessoas ("Me mande pelo Dropbox"), o Vale do Silício começou a prestar atenção. Em 2008, Houston já tinha levantado US$ 7,2 milhões, fundos suficientes, dado o robusto modelo econômico da empresa, para tirá-la do vermelho. Em agosto de 2011, Houston decidiu atacar com tudo. Ele convidou sete empresas de *venture capital* de elite do Vale do Silício para visitar o escritório da Dropbox em São Francisco durante um período de quatro dias e solicitou ofertas até a terça-feira seguinte.

Só uma empresa de VC foi ágil na resposta. Pouco antes da meia-noite da véspera de terça-feira, o diretor de desenvolvimento de negócios da Dropbox — que também fora um *venture capitalist* — sugeriu a Houston adiar a rodada de financiamento ou até abortá-la. A resposta de Houston foi simples: "A gente disse terça-feira. Ainda não é terça-feira".

E ele tinha razão. Todas as empresas de VC manifestaram interesse na manhã seguinte. Houston acabou fechando um acordo em setembro de 2011 que incluiu a Index Ventures encabeçando a rodada, bem como a Sequoia, Greylock, Benchmark, Accel, Goldman Sachs e a RIT Capital Partners. Muitas empresas flexibilizaram seus requisitos para poder entrar no jogo. É assim que nascem as lendas instantâneas do Vale do Silício: o mercado fraco e a insistência de Houston em restringir as negociações às melhores VCs tolheram um pouco a cotação da empresa, mas mesmo assim a Dropbox, então com 5 anos, ainda conseguiu levantar impressionantes US$ 250 milhões com uma avaliação de US$ 4 bilhões. "Uma empresa em alta é assim", comentou um importante investidor que não conseguiu entrar no jogo. "Todo mundo quer participar." Segundo as estimativas de Houston, uma participação de 15% valia, no papel, US$ 600 milhões.

Reclinando-se em uma cadeira de escritório, duas semanas depois de fechado o acordo, de frente para um letreiro em néon com os dizeres "ITJUSTWORKS" — algo como "SIMPLESMENTE FUNCIONA"—, com as palavras "just work"— "só trabalhe"— em destaque em azul, Houston ponderou sobre o que ele faria com seus novos fundos de um quarto de bilhão de dólares. O escritório sem divisórias na rústica Market Street não demorou a ser substituído por amplas instalações de 800 metros quadrados com vista para a Baía e a equipe da Dropbox inchou de 70 a 200 funcionários, ainda um número absurdamente baixo tendo em conta o tamanho da empresa. E Houston ia ver se seria capaz de cumprir a promessa que fez a Jobs de criar uma grande empresa e não morrer na praia, como o MySpace, como inevitavelmente aconteceria, de acordo com a previsão de Jobs. "Preciso aprender a ser grande", ele disse.

Faltava pouco para a meia-noite de uma segunda-feira e Houston transformou seu bar preferido de fim de noite em São Francisco, no W Hotel, numa balada universitária... literalmente. O primeiro a chegar foi Adam Smith, um colega da fraternidade Phi Delta Theta do MIT que largou a faculdade para abrir uma empresa de pesquisas em e-mails, a Xobni. Depois vieram Chris, Jason e Joe (que tem uma tatuagem do Dropbox no braço, por acreditar que "Drew está revolucionando o mundo"), outros colegas do MIT buscando realizar o sonho californiano que vislumbravam nos idos de Cambridge, envolvendo "fortuna, bebidas e garotas". Com as namoradas a tiracolo, Smith e Houston bebiam taças e mais taças de Pinot enquanto lembravam do verão que passaram programando só de cuecas porque o ar-condicionado tinha pifado. "Aquilo é que era vida", Houston comentou sorrindo, com o braço ao redor dos ombros de Smith. "Só eu e o meu código. Sem essa chateação de ter de contratar e demitir."

Ficava claro que Houston se beneficiava daquele grupo. Ele chegou a recriar em São Francisco a experiência de viver numa fraternidade, indo morar no mesmo prédio no centro da cidade que Smith e dez outros empreendedores. Se largar a faculdade foi um divisor de águas para empresários como Bill Gates, Michael Dell e Mark Zuckerberg, continuar na faculdade também foi uma experiência transformadora para Houston, particularmente sua vivência na fraternidade universitária.

Afinal, o padrão "só eu e o meu código" está configurado no DNA dele. O pai dele é um engenheiro elétrico formado pela Harvard e a mãe, uma bibliotecária de uma escola do ensino médio. Ele cresceu num subúrbio de Boston e começou a brincar com um IBM PC Junior já aos 5 anos. Sua mãe, deduzindo corretamente que o filho estava se tornando um geek da programação, o obrigou a aprender francês e fazer amizade com os meninos atletas e se recusou a deixá-lo pular uma série para avançar mais rápido na escola. Eles passavam as férias de verão em New Hampshire e ela não o deixava levar o computador, apesar de ele reclamar de se entediar na floresta. "Ela queria que eu fosse um garoto normal, eu acho, e tentou me direcionar como pôde. Hoje eu entendo isso."

Aos 14 anos, Houston se inscreveu para testar a versão beta de um jogo on-line e se pôs a encontrar e eliminar falhas de segurança. Em pouco tempo ele foi contratado como um programador de rede pela empresa desenvolvedora do jogo, em troca de uma participação acionária. Naquele mesmo ano, numa assembleia da escola, um orador pediu ao grupo: "Quem já sabe o que quer ser quando crescer levante a mão". Houston foi a única criança, de um grupo de 250 alunos, a levantar a mão. "Eu queria que me contratassem, mas a pergunta era só retórica. Eu queria liderar uma empresa de informática." Ele fez todo o ensino médio e a faculdade enquanto trabalhava em startups. A Dropbox foi a sexta startup na qual ele trabalhou.

Em seu primeiro ano no MIT, tudo indicava que sua mãe tinha fracassado em sua missão de transformá-lo em um garoto "normal". Ele passava a maior parte do tempo programando. Depois de ler o livro *Inteligência emocional*, de Daniel Goleman, ele se convenceu de que "não bastava ser inteligente" se quisesse liderar uma empresa. Assim, passou o verão seguinte no telhado de sua fraternidade lendo livros de negócio. "Ninguém nasce um CEO, mas ninguém diz isso a você", explica Houston. "Os artigos das revistas dão a impressão de que Zuckerberg acordou um dia decidido a revolucionar o modo como o mundo se comunica e resolveu criar uma empresa de bilhões de dólares. Não foi bem assim." Em seguida, ele se candidatou ao cargo de organizador de eventos e recrutador de sua fraternidade, "um intensivão em gerenciamento de projetos e em convencer as pessoas a trabalhar para você". (Seu colega de quarto, Joe, tem uma lembrança um pouco diferente do cargo: "Ninguém queria pegar o abacaxi".)

Quando Adam Smith saiu da fraternidade em setembro de 2006 para abrir a Xobni em São Francisco, Houston se motivou a fazer o mesmo. "Se ele consegue, eu também consigo", Houston disse. "Eu queria realizar o meu sonho e não aguentava mais comer comida de micro--ondas." Assim, terminou seu MBA no Delta Theta Phi.

A ideia do Dropbox nasceu três meses depois, em um ônibus para Nova York. Ele tinha planejado trabalhar durante o trajeto de quatro horas de Boston a Nova York, mas esqueceu de levar seu cartão de memória USB, ficando sem o código para trabalhar. Frustrado, ele imediatamente se pôs a criar uma tecnologia para sincronizar arquivos pela internet. Quatro meses depois, foi a São Francisco para tentar vender sua ideia a Paul Graham, da incubadora Y Combinator.

Mas Graham insistiu que Houston deveria ter um cofundador antes mesmo de apresentar a solicitação de financiamento. Houston tinha duas semanas para encontrar a pessoa certa. Um amigo o apresentou a Ferdowsi, filho único de refugiados iranianos que estudava ciência da computação no MIT. Eles passaram duas horas conversando em Boston e "a gente se casou no segundo encontro", segundo a descrição de Houston. Ferdowsi largou a faculdade a apenas seis meses de se formar.

A Dropbox conseguiu um financiamento de US$ 15 mil da Y Combinator, o suficiente para alugar um apartamento e comprar um Mac. Com a meta de garantir que o Dropbox rodaria em todos os computadores, ele passou vinte horas por dia tentando fazer a engenharia reversa dos computadores.

O Dropbox resolvia um novo e irritante problema num mundo onde as pessoas andam com um ou dois celulares, talvez um tablet, mas têm arquivos e fotos ilhados em vários PCs, laptops e celulares. "Os dispositivos estão ficando mais inteligentes — a nossa TV, o nosso carro — e isso significa mais dados espalhados por aí", Houston explicou. "Precisamos conectar todos esses dispositivos. E é isso que o Dropbox faz."

Um usuário só precisa fazer um download simples do Dropbox para poder armazenar qualquer arquivo instantaneamente "na nuvem". Uma vez na nuvem, o usuário pode acessar esse arquivo de qualquer outro dispositivo e convidar outras pessoas para acessá-lo também. Se um arquivo é atualizado em um dispositivo, todos os outros dispositivos acessam automaticamente o arquivo atualizado.

Alguns meses depois, a dupla apresentou o Dropbox em um evento da Y Combinator. Logo depois, um sujeito refinado se pôs a flertar com Ferdowsi em persa. Pejman Nozad começou sua carreira de investidor na era das pontocoms, trocando imóveis comerciais por participação em startups, com destaque para o PayPal. O escritório dele fica numa loja de tapetes ("Achei que fosse piada", Houston conta) e recebeu a dupla com chá persa nos fundos da loja. Em questão de dias ele já tinha apresentado Houston e Ferdowsi à Sequoia, a empresa que bancou a Google e a Yahoo, dizendo que a Dropbox estava recebendo várias ofertas de *venture capitalists* (não era verdade). "Ele basicamente foi o nosso cafetão", Houston disse.

Naquela mesma semana, no sábado de manhã, Michael Moritz, partner sênior da Sequoia, bateu à porta do apartamento de Houston e Ferdowsi. "Eles estavam com os olhos vermelhos", lembra Moritz. O apartamento tinha caixas de pizza empilhadas contra as paredes e cobertores jogados nos cantos. Ele recomendou o acordo aos partners e a Dropbox recebeu um financiamento de US$ 1,2 milhão. "Eu tinha visto várias empresas tentando resolver partes do problema, como o Plaxo", disse Moritz. "Eu sabia que as grandes empresas iriam querer entrar nessa onda. A minha aposta era que eles [a Dropbox] teriam a capacidade intelectual e a resistência para vencer todos os outros."

Houston e Ferdowsi passaram o ano seguinte trabalhando dia e noite feito loucos. Eles eram perfeccionistas. Em uma ocasião, Houston teve de ir atrás de uma cópia do Windows XP sueco porque essa versão do sistema operacional tinha uma peculiaridade de codificação que deixava o Dropbox um pouco mais lento. Ferdowsi mandou um designer passar horas ajustando o tom de azul do botão do Dropbox no sistema de arquivos de um Mac. O botão era um pouquinho mais escuro que os botões da Apple e ele passou semanas ensandecido com o problema. "Tudo passa pela minha aprovação", disse Ferdowsi. "Todos os detalhes precisam estar perfeitos."

A Dropbox manteve as operações enxutas, o que lhe possibilitou navegar em segurança pela crise financeira. Em 2008, a empresa tinha nove funcionários e 200 mil clientes. Dois anos e meio depois, eles tinham contratado só cinco funcionários a mais, enquanto o número de usuários aumentou dez vezes.

Houston e Ferdowsi mudaram de escritório mais uma vez e não raro dormiam no trabalho. Eles recebiam todos os e-mails de atendimento ao cliente e ignoravam mensagens de seus VCs. Eles não levavam a publicidade a sério. "O que você precisa fazer é contratar um cara de marketing, comprar AdWords do Google", disse Houston. "A gente fazia isso muito mal." Cada novo cliente estava custando US$ 300 à empresa. O desafio era divulgar um produto voltado a resolver um problema que as pessoas nem sabiam que tinham. Desde o início, Ferdowsi insistiu que a página inicial do Dropbox apresentasse apenas um vídeo simples, com bonequinhos de palito mostrando o que o produto é capaz de fazer.

Nenhuma tabela de funcionalidades e preços, mas só uma história sobre um cara que tem a mania de perder coisas e sai numa viagem à África.

Assim, em vez de anunciar, eles transformaram sua base de clientes pequena porém fiel em vendedores, dando 250 megabytes de armazenamento grátis em troca de uma indicação. Um quarto de todos os novos clientes se cadastra no Dropbox por indicação de um cliente existente. Em dois anos e meio, a bola de neve do Dropbox já tinha atingindo uma cotação de US$ 4 bilhões.

A oportunidade voltou a surgir diante de Drew Houston no verão de 2011 num almoço regado a álcool na mansão do VC Ron Conway, em Belvedere, Califórnia, às margens da baía. Enquanto Houston se desdobrava em explicações sobre o que o Dropbox fazia, ele foi interrompido exatamente como Steve Jobs o interrompera tantos anos atrás: "Eu sei, eu uso sempre". Em vez de um CEO do setor da tecnologia, seu companheiro de copo era o rapper Will.i.am, dos Black Eyed Peas, que disse a Houston que usou o Dropbox para colaborar com o produtor David Guetta no hit "I Gotta Feeling".

Esse tipo de história agora é comum. Depois que seu laptop deu pau bem no meio dos exames finais da faculdade, um estudante de Direito escreveu: "Sem o Dropbox eu não teria passado na faculdade e estaria morando debaixo da ponte agora". A Italian Soul, uma empresa de design de relógios nas proximidades de Veneza, na Itália, usou o Dropbox para criar novos modelos em colaboração com um designer de Mendoza, na Argentina, com os pesados arquivos 3D flutuando sem problemas na nuvem. As ações de socorro em desastres no Haiti mantiveram registros atualizados dos falecidos, compartilhando as listas com Miami e outras cidades. Equipes de esportes profissionais guardam na nuvem vídeos das jogadas dos adversários para serem vistos onde quer que o time esteja jogando. No Dia de Ação de Graças de 2010, o misterioso Ferdowsi, usando um moletom com capuz da Dropbox, foi cercado por adolescentes deslumbrados num fliperama de Kansas City, sua cidade natal. "Foi quando eu soube que a gente tinha chegado lá", disse Ferdowsi.

Houston acredita que a Dropbox está inaugurando uma nova onda no mundo da computação, libertando as pessoas de seus arquivos. "Seus dados seguem você por toda parte."

Para realizar essa façanha, o Dropbox deve gerenciar um volume incrível e uma complexidade atordoante, ao mesmo tempo que proporciona aos usuários um serviço absolutamente simples. Na ocasião das nossas conversas no fim de 2011, 325 milhões de arquivos eram salvos diariamente no Dropbox (arquivos antigos e recém-criados), que tinham de ser acessados sem percalços em qualquer dispositivo. No início de 2013, esse número já tinha ultrapassado a marca de um bilhão. Houston e seus geeks incorporaram o sistema em dezoito diferentes sistemas operacionais, quatro navegadores e três sistemas de software móvel. A cada pequena atualização de software, eles precisam se certificar de que o Dropbox continue funcionando. Em junho de 2011, uma violação de senhas expôs pelo menos 68 contas, revelando o risco enfrentado por Houston, com sua empresa detendo as chaves do sótão digital de 50 milhões de pessoas. "Não tenho palavras para dizer quanto lamento pelo ocorrido", ele escreveu num e-mail aos usuários expostos, incluindo seu número de celular pessoal. "O Dropbox é a minha vida."

Também tem o problema da concorrência. Houston recitou a longa lista de concorrentes: "A Apple, a Google, a Microsoft, a Amazon em certo sentido, depois temos o IDrive, o YouSendIt, o Box.net, dezenas de startups, até o e-mail... pessoas enviando de tudo a si mesmas". Ele acredita que o Dropbox vai decolar na indústria de backups nos próximos cinco anos, mas teme especialmente o iCloud, que foi empurrado a centenas de milhões de pessoas que compraram iPhones, iPods e iPads, bem como o Google Drive. Mas a Apple tem se mostrado menos imponente desde o falecimento do herói de Houston, Steve Jobs, enquanto a Dropbox mantém a liderança.

Houston evitou uma implosão investindo grande parte dos fundos arrecadados dos VCs na ubiquidade. Ele protegeu o flanco contra a Google fechando um acordo com a fabricante de celulares HTC, fazendo do Dropbox o padrão de armazenamento em nuvem de todos os celulares Android da fabricante. A Dropbox também firmou acordos com outras fabricantes de celulares, PCs e TVs. Houston contratou uma equipe para adequar o Dropbox ao uso corporativo. Centenas de desenvolvedores externos estão criando apps para o Dropbox.

Houston precisava aprender a delegar mais. Seus cabelos castanhos espetados exibiam manchas acinzentadas prematuras. O estudante de MBA da fraternidade estudantil Phi Delta se manteve no cargo de diretor financeiro da empresa até 2014. Abrir mão do cargo representou um grande passo em seu caminho de programador geek de uma startup a magnata do setor da tecnologia.

O mundo teve um vislumbre do futuro de Houston no outono de 2011. Ele foi jantar com Mark Zuckerberg e, saboreando generosas porções de carne de búfalo (na ocasião, o fundador do Facebook estava na fase — bastante ridicularizada — de só comer o que ele mesmo matava), os dois tramaram maneiras de colaborar. Ao sair da casa ao estilo colonial relativamente modesta em Palo Alto de Zuckerberg, Houston, na ocasião com a empresa em fase pré-IPO e claramente a caminho de se tornar o CEO de uma grande empresa como tinha dito a Steve Jobs que seria, notou o guarda de segurança posicionado do lado de fora, muito provavelmente o dia inteiro, todos os dias, e pensou nas consequências desse caminho: "Não sei se quero essa vida para mim".

CAPÍTULO TRÊS

ELON MUSK, TESLA MOTORS E SPACEX:
UM MERGULHO NA MENTE DO HOMEM DE FERRO

Elon Musk pode ser considerado o maior empreendedor do século 21. Aos 32 anos, ele já tinha cofundado e vendido duas empresas de enorme sucesso, inclusive a PayPal, o "banco da internet", que a eBay comprou por US$ 1,5 bilhão em 2002. Em seguida, ele voltou a se armar até os dentes, dessa vez almejando os dois maiores e mais conservadores setores do mundo: automóveis e viagens espaciais. Com a Tesla Motors, ele buscou fabricar um carro elétrico viável (e criar a primeira startup automobilística norte-americana de sucesso em mais de meio século). Já a SpaceX foi concebida para privatizar o caminho até o céu. Hoje, as duas são prováveis vencedores, ajudando a inflar o patrimônio líquido de Musk para exceder em muito a marca dos US$ 10 bilhões.

Mas, quando **Hannah Elliott** passou um bom tempo com Musk em 2011 e 2012, esses sucessos estavam longe de ser garantidos e o segundo casamento dele estava desmoronando. Musk, hoje com 43 anos, deu acesso irrestrito a Elliott ao seu trabalho e à sua vida cotidiana durante meses, revelando sem inibição o que lhe passava pela cabeça em tempo real e mostrando ser mais parecido com um Tony Soprano do que com um Tony Stark. (Musk foi a inspiração para o Homem de Ferro). Acontece que até um gênio tem suas dúvidas.

Numa manhã de quinta-feira em Bel Air, na Califórnia, Elon Musk, com o rosto ainda úmido pela loção pós-barba, recolheu-se ao porão de sua mansão de dois mil metros quadrados ao estilo Art Nouveau que ele converteu em um santuário masculino adequado tanto para os negócios quanto para o lazer.

O sofá de couro e a mesa de centro entalhada com a tabela periódica serviam como uma estação de trabalho improvisada, um refúgio para mandar e-mails depois da meia-noite e para explorar temas como o da sua pesquisa sobre o Phenolic Impregnated Carbon Ablator, o "melhor escudo térmico que a humanidade já viu", usado por espaçonaves ao reentrar na atmosfera terrestre. No entanto, em vez de se arrastar para o escritório quando o resto do mundo está acordado, o jovem bilionário fundador da fabricante de carros elétricos Tesla e da SpaceX, a primeira empresa de capital fechado a colocar um veículo espacial em órbita, me ensinou a jogar BioShock, um jogo épico de tiro em primeira pessoa cuja trama se desenrola num cenário que lembra a realidade de Ayn Rand.

"É sobre uma dialética hegeliana das coisas que determinam o curso da história", Musk explicou, com os olhos grudados na tela. "São meio que filosofias conflitantes, ou conjuntos conflitantes de memes, e você pode ver uma história moderna na qual a batalha não é entre fatores genéticos, mas entre estruturas de memes."

É, ele fala desse jeito... enquanto joga videogame.

Passou noventa minutos jogando. Estava até o pescoço de trabalho nas suas duas empresas — a Tesla estava preparando o lançamento de um utilitário voltado a mães que passam o dia levando os filhos ao judô e ao balé e planejava lançar um novo sedã, enquanto a SpaceX testava sua nave espacial Dragon para se acoplar à Estação Espacial Internacional —, mas ele estava claramente adorando a distração, cavando ainda mais um tempo para me levar a um tour pela casa.

Situada no topo de uma colina escondida com vista para o Oceano Pacífico, a propriedade de mais de seis mil metros quadrados tem uma quadra de tênis (Kimbal, o irmão de Musk, disse brincando que as raras partidas deles ficam tão competitivas que ele precisa fugir correndo assim que percebe que vai vencer uma partida), uma piscina a céu aberto e uma trilha que leva a uma árvore gigantesca na qual Musk, pai de gêmeos de 7 anos e trigêmeos de 5 anos, todos meninos, planejava construir uma casa. O interior da mansão era grandioso, com tudo o que se esperaria da casa de um bilionário, como a cavernosa adega e um banheiro tão espaçoso na suíte que Musk mandou instalar uma esteira mecânica.

O que faltava naquilo tudo, contudo, era qualquer indício de pessoas de verdade morando na mansão. As prateleiras brancas numa imponente biblioteca se mostravam embaraçosamente nuas. (Musk devora livros exclusivamente em seu iPhone, incluindo *A autobiografia de Benjamin Franklin* e *Steve Jobs*, de Walter Isaacson.) A piscina estava coberta com uma lona e o quintal dos fundos meticulosamente cuidado era despojado de brinquedos, cadeiras de jardim ou churrasqueira. Os meninos estavam na escola. Musk, que passou por um divórcio bastante divulgado, tinha a guarda compartilhada dos filhos com Justine, sua ex-esposa, que ele conheceu na faculdade. Disseram-me que sua segunda esposa, Talulah Riley, uma atriz britânica de 28 anos, estava em seu país natal atuando em um filme. Não vi qualquer evidência — roupas, sapatos, maquiagem — de uma habitante do sexo feminino na casa. Nem havia fotos pessoais, tirando uma foto panorâmica de um metro de largura de Musk e Riley contemplando um eclipse na frente de um iate particular em alguma remota praia tropical, com os braços dele em volta dela enquanto os dois olham para o céu, rindo. Em outra parede, a foto de uma cadeira parecia ter vindo com a moldura.

Perguntei a Musk se ele tinha um cachorro. Sim, ele respondeu, eles tinham dois. Mas não vi quaisquer vasilhas, coleiras ou brinquedos de cachorro. A casa, ele contou, é alugada. Os móveis também. Em outras palavras, apesar de Musk morar lá, seria um exagero chamar aquilo de lar. Era uma espécie de acampamento temporário, o lugar perfeito para jogar videogames distópicos.

Com 1,85 metro de altura, ombros largos e pernas que combinam com seu nome (Elon, em hebraico, quer dizer "carvalho", embora a família de Musk seja descendente de holandeses da Pensilvânia, não judia), ele se espremeu em seu Tesla Roadster — que preferiu ao Audi Q7 e ao Porsche 911 — para percorrer os 35 quilômetros até a sede da SpaceX em Hawthorne. Ao entrar na rodovia 405, ele configurou meticulosamente os níveis ideais de temperatura e vento para o conversível; programou um mix musical que incluía Robbie Williams, Adele e a *Quinta Sinfonia* de Beethoven; e dirigiu rápida e clinicamente. Tudo foi feito de maneira a refletir a percepção que o público tem dele de um gênio robótico, a inspiração no mundo real para o personagem de Tony Stark no filme *Homem de Ferro*, de Jon Favreau. Grande parte dessa reputação é merecida.

"Se eu estava andando na rua com os meus três filhos e Elon sumia, eu sabia que ele tinha se metido numa livraria", lembrou a mãe, Maye, que, aos 63 anos, continua sendo uma modelo bastante requisitada. (Na casa dos 60 anos, ela posou nua com uma barriga falsa de grávida à la Demi Moore para a capa da revista *New York*.) "Eu o encontrava sentado no chão perdido no mundinho dele. Ele leu a *Enciclopédia Britânica* inteira quando tinha só uns 8 ou 9 anos... e lembrou do que tinha lido!"

Elon cresceu em Pretória, na África do Sul, e tinha o hábito de se indispor com os colegas de turma, corrigindo pequenos erros factuais. Ele achava que estava fazendo um favor a eles, mas eles o consideravam um moleque arrogante e reagiam com o bullying.

"Ele pode ser terrivelmente sincero e você meio que fica 'Ai, isso dói'", comentou a irmã, Tosca. "Ele não está tentando ser rude ou constranger as pessoas. E ele gosta quando as pessoas também são sinceras com ele."

Quando entrou na faculdade — Musk estudou física e administração na Universidade da Pensilvânia e depois mais física e ciências na Stanford —, ele tinha amadurecido fisicamente, mas manteve sua intensidade rústica, concentrando-se tanto nos estudos que Maye precisou ir ver se ele ao menos estava comendo direito e usando roupas limpas. Ele "melhorou" desde a faculdade, de acordo com seu colega de quarto Penn Adeo Ressi, outro empreendedor da tecnologia. "Agora conta piadas."

Enquanto ele dirigia para o trabalho — com seus óculos de sol Montblanc, que ele pegou no chão do elegante carro esporte —, conversamos sobre suas estradas favoritas (ele prefere a Highway 1, o que não me surpreendeu), suas músicas favoritas (quando não está no embalo de Robbie Williams, ele prefere os Beatles e Pink Floyd, um rock mais clássico) e seus carros favoritos (o E-Type 1967 da Jaguar é "como uma namorada difícil... muito disfuncional").

"Você já quis ter nascido em outra época?", perguntei.

"Não, estou feliz de ter nascido nesta época", ele respondeu, com um restinho da musicalidade sul-africana se revelando no sotaque.

"Por quê?"

"Se alguém acha que preferiria nascer em outra época, a pessoa provavelmente não foi uma boa aluna de história. A vida era terrível antigamente. As pessoas sabiam muito pouco e você tinha muitas chances de morrer jovem de alguma doença horrível. Você provavelmente não teria nenhum dente sobrando na boca agora. E era especialmente terrível para as mulheres."

Bom argumento.

"Se voltarmos algumas poucas centenas de anos no tempo, o que achamos corriqueiro hoje pareceria mágica no passado... conversar com as pessoas a distância, transmitir imagens, voar, acessar grandes volumes de dados como um oráculo. Tudo isso seria considerado mágico algumas centenas de anos atrás. A engenharia é, para todos os efeitos, uma forma de magia, e quem não gostaria de ser um mágico?"

Musk tem sido um dos mágicos mais proeminentes de sua geração, praticamente desde o dia em que saiu de Stanford. Em 1995, ele cofundou a Zip2 Corporation, fornecedora de software e serviços para a indústria da mídia, que vendeu à Compaq em 1999 por US$ 307 milhões à vista.

Em 1998, ele cofundou a PayPal, que abriu o capital no início de 2002; Musk foi o maior acionista da empresa até ela ser adquirida pela eBay por US$ 1,5 bilhão naquele mesmo ano. Sua fama cresceu com seu sucesso. Quando ele se casou com Riley em 2010, diz a lenda que Larry Page e Sergey Brin lhes emprestaram o jato da Google para a lua de mel. Musk e Riley são convidados frequentes nas festas mais badaladas e exclusivas de Hollywood e em elegantes retiros de fim de semana.

Na última década, ele dobrou a dose de sua magia, tentando ao mesmo tempo consolidar o carro elétrico e viagens espaciais privadas como propostas de negócio viáveis. A sede da Tesla fica em Palo Alto, de modo que Musk vai de uma empresa à outra duas vezes por semana com seu jato Dassault Falcon. (As instalações de design da Tesla ficam por perto, atrás do campus da SpaceX.)

Os investidores parecem não se importar com esse malabarismo entre duas empresas: a Tesla abriu o capital com uma avaliação de

US$ 226,1 milhões. Em 2011, a empresa registrou uma receita total de US$ 204 milhões, com perdas de US$ 254 milhões. (Em 2013, a receita já tinha decolado para US$ 2 bilhões e a perda, encolhido para US$ 74 milhões.) Musk detém cerca de 29% da participação da Tesla, que nunca chegou a ser lucrativa, mas que, em meados de 2014, já estava avaliada em US$ 26 bilhões.

Já a SpaceX, de capital fechado, foi fundada em 2002 com o dinheiro da venda da PayPal e fechou contratos totalizando mais de US$ 5 bilhões para lançar satélites. Em 2012, a Dragon da SpaceX foi a primeira espaçonave privada a fazer o trajeto de ida e volta à Estação Espacial Internacional. Em 2013, a empresa lançou um satélite em órbita geoestacionária, uma façanha que só governos tinham conseguido realizar até então. Em 2014, a SpaceX já testava com sucesso foguetes auxiliares reutilizáveis, o que poderá diminuir consideravelmente os custos das viagens espaciais. Ao combinar a Dragon com o veículo de lançamento Falcon, Musk acreditou que teria a primeira missão tripulada até 2015.

Depois de um percurso de trinta minutos de carro, chegamos à SpaceX, que, para quem entra lá sem saber do que se trata, parece um cenário de filme, chegando a incluir uma estátua em tamanho real de Tony Stark em sua armadura de Homem de Ferro e um quiosque de distribuição de sorvetes, onde engenheiros de meia-idade fazem fila para escolher a cobertura para seus sundaes. As paredes têm uma decoração mais impressionante do que a mansão alugada de Musk: ele apontou para um retrato de Wernher von Braun, o ex-nazista defensor do programa Apollo da Nasa e me chamou para perto de uma foto enorme de Marte, um planeta que ele sonha em colonizar, e me mostrou o sistema de cânions Valles Marineris. O verdadeiro espetáculo, contudo, ocorria no chão de fábrica, onde a espaçonave cônica Dragon aguardava seu encontro com a estação espacial.

Cercado dos melhores brinquedos da história do planeta, Musk voltou à sua sala — na verdade, um gigantesco cubículo de canto, já que tanto a SpaceX quanto a Tesla adotam a filosofia de escritórios de layout aberto —, pegou uma espada, cuja empunhadura era forrada com couro de arraia, um prêmio por suas realizações no campo da exploração comercial do espaço, manobrando-a com agilidade ao redor dos ombros. "Dá para apunhalar alguém com esta coisa", ele comentou. "Estou tentando fazê-la sibilar sem matar ninguém."

Levantei uma folha de papel a título de alvo e Musk, fiel à sua promessa, não me matou, só derrubou o papel, sem conseguir cortá-lo. Ele se vingou num vaso que estava por perto, cortando algumas folhas da planta com a precisão de um engenheiro mestre.

Elon Musk é famoso por seu brilhantismo racional e também tem a reputação de ser um playboy, tendo passado muitas noites dançando de peruca afro e ternos casuais, frequentando clubes russos até altas horas em Nova York e sendo um efusivo simpatizante do megaencontro hippie Burning Man. Um homem jovem, bonito e que venceu pelos próprios esforços, as casas noturnas são seu habitat natural, inclusive um clube londrino onde conheceu Talulah Riley, com 24 anos na ocasião, em 2008. Com esse histórico em mente, não me surpreendi quando, à meia-noite de uma sexta-feira em Hollywood, eu ainda estava esperando a mensagem de texto de Musk.

A ideia era ele me mostrar, com um grupo de amigos, a Los Angeles dele, como é a Cidade dos Anjos para quem tem dinheiro ilimitado e acesso irrestrito. Passamos o dia inteiro trocando mensagens a respeito. Mas a última notícia que tive dele foi que estava em um jantar tranquilo na Soho House com um bom amigo, o diretor de *Homem de Ferro*, Jon Favreau. "A gente pode se encontrar para um drinque no Beverly Hills Hotel (ou algum outro lugar) depois", ele sugeriu em um SMS.

Mas, à meia-noite e meia, tinha perdido a vontade. "Acabei de sair da Soho House. Voltando pra casa, exausto. Acordei cedo com os meninos, não dormi muito." Em seguida, outra mensagem: "Na verdade, eu quase não vou mais a clubes. Só fui duas vezes no último ano porque meus amigos me arrastaram." Eu estava esperando com alguns amigos a alguns quilômetros dali, no Spare Room. Alguém do meu grupo sugeriu que ele havia me dado um cano, mas não me pareceu ser o caso. Depois, por acaso, fiquei sabendo de alguém que tinha visto Musk com Favreau na Soho House, como ele dissera. E, nos três meses anteriores, ele tinha retornado fielmente todos os meus telefonemas, e-mails e SMSs.

Ele só sumiu uma vez. Ficou em silêncio absoluto durante três semanas, inclusive no Natal e no Ano Novo, exceto para cancelar uma sessão de fotos. Foi como se ele tivesse se refugiado no seu santuário masculino alugado para um período prolongado de hibernação.

Um tweet na madrugada de 17 de janeiro de 2013 explicava tudo: "@rileytalulah Foram quatro anos incríveis. Vou te amar sempre. Sei que você vai fazer alguém muito feliz".

Mandei um e-mail para ele assim que li o anúncio da separação. Musk, de volta ao mundo, me ligou dez minutos depois, às sete horas no fuso horário dele. "Foi muito duro para o meu emocional", ele disse, em voz baixa. Soava diferente: triste, sim, mas também pungente e vivo. "Eu basicamente me desapaixonei, e é meio difícil voltar atrás." Ele contou que foi um alívio ter revelado a notícia, porque estava ficando cada vez mais claro nos últimos meses que o relacionamento não duraria muito.

Acontece que Riley tinha passado meses sem ir à casa de Musk em Los Angeles. De acordo com a documentação judicial, foi ela quem pediu o divórcio.

O segundo divórcio (dizem que o acordo foi de US$ 4 milhões, seguido, quase dois anos depois, de comentários sugerindo que eles voltaram a namorar, ou até a morar juntos) foi mais fácil que o primeiro, um rompimento muito amargo e muito divulgado em 2008, que constituiu o auge do que Musk considera o ano mais difícil de sua vida. Justine Musk, que se recusou a dar uma entrevista para esta reportagem, narrou suas dificuldades para a revista *Marie Claire*: "As mesmas qualidades que o ajudaram a concretizar seu extraordinário sucesso impõem que a pessoa que estiver ao lado dele deve viver a vida nos termos dele... e não existe meio-termo (até porque ele não tem tempo para encontrar esse meio-termo)". Elon Musk em grande parte do tempo permaneceu em silêncio.

Será que ele ainda acredita no amor? "Claro, com certeza." Só que ainda não sabia ao certo como, ou onde, encontrá-lo. O que ele gostaria em uma companheira — abnegada, trabalhadora, realista — parecia difícil de encontrar nos clubes de Hollywood.

Os dois mundos de Musk, Hollywood e o Vale do Silício, convergiram quando ele organizou a festa de lançamento do novo utilitário da Tesla nas instalações de design da empresa em Hawthorne. Musk contratou a banda *indie* Foster the People para tocar no evento (três noites depois, eles tocariam na cerimônia do Grammy), enquanto cerca de dois mil convidados, de fashionistas a *venture capitalists*, de Chris Evans, o astro do filme *Capitão América*, a Jerry Brown, o governador da

Califórnia, saboreavam lagosta regada a Veuve Clicquot e exigiam aos gritos a presença de Musk.

Subindo ao palco com um blazer de veludo azul-escuro e jeans escuros, Musk chegou a contar uma piada, embora não muito boa, sobre o fraturamento hidráulico (em inglês, *fracking*, um método de extração de combustíveis líquidos e gasosos do subsolo): "O mundo precisa desesperadamente de transporte sustentável. Se não resolvermos esse problema ainda neste século, estaremos 'fraturados'!" (em inglês, *fracked* soa um pouco como *fucked*) e observou tranquilamente enquanto os designers da Tesla tentavam freneticamente abrir o porta-malas dianteiro do utilitário. ("Parece que a trava de segurança ficou um pouco segura demais", ele observou.) Ficou até tarde na festa, aparentemente bebendo só água, e posou animadamente com as várias mulheres que pediram para tirar fotos com ele, sem parecer se concentrar em nenhuma delas. Passou metade do tempo sentado num sofá num canto cercado de homens elegantes usando jaquetas casuais e mocassins.

Aquela noite foi importantíssima para Musk, que apregoou a "asa de falcão" do utilitário como sendo a combinação perfeita de uma minivan (praticidade), um Audi Q7 (estilo) e um Porsche 911 (desempenho) e que, segundo ele, constituía a evolução lógica do sedã elétrico Modelo S da empresa de US$ 50 mil, lançado em 2012. Ele precisava de um modelo de sucesso: em 2012, a Tesla se vangloriou de uma capitalização de mercado de US$ 3,6 bilhões, mas só vendeu umas duas mil unidades do Roadster, que acabou sendo descontinuado.

Mesmo assim, eu nunca o tinha visto tão tranquilo. A Tesla tinha uma lista de espera tanto para o utilitário quanto para o sedã que ainda seria lançado e ele estava muito bem com sua vida pessoal. Dois dias depois, voltei para passar mais uma manhã na mansão dele e, dessa vez, a casa estava fervilhando de atividade. Era um sábado e os meninos não tinham escola. Pai e filhos jogavam queimada, aos gritos. (Ele e Ressi, seu antigo colega de quarto, começaram a levar os filhos nas viagens de acampamento deles, antes reservadas só para os adultos, em Yosemite.)

Enquanto isso, eu estava com a grande equipe de fotografia, incluindo três fotógrafos assistentes, um maquiador e um diretor de moda, além de uma loira francesa encarregada de oferecer um relógio de pulso Parmigiani, de US$ 35.090, para Musk usar na sessão de fotos. Inesperadamente, Musk foi na onda. Numa sessão de fotos anterior, no começo daquela semana, ele recusou implacavelmente usar as roupas feitas sob medida enviadas por Tom Ford, Giorgio Armani e Ralph Lauren. "Você vai ter de achar outra coisa", ele anunciou ao estilista. "Eu me recuso a parecer um garoto certinho de internato. Não tem nada a ver comigo."

Ele acabou gostando das seleções e chegou a comprar algumas peças ali mesmo. E vestiu sem reclamar o que lhe foi oferecido, assobiando canções de Sinatra enquanto se trocava.

A caminho do aeroporto, enviei um e-mail agradecendo pela hospitalidade e por ele ter me apresentado aos filhos. Ele respondeu sem demora e, como sempre, foi direto ao ponto: "De nada. Eu vou muito bem, tanto nos negócios quanto com as crianças. Só preciso dar um jeito no lado romântico (ou virar um monge)".

CAPÍTULO QUATRO

KEVIN SYSTROM, INSTAGRAM: SEM RECEITA? SEM MODELO DE RECEITA? SEM PROBLEMA!

Como é uma empresa de US$ 1 bilhão nos dias de hoje? Quatorze jovens de 20 e poucos anos — toda a equipe do Instagram — digitando alucinadamente num pequeno escritório no bairro de SoMa, em São Francisco. E quanto tempo leva para chegar a US$ 1 bilhão? No caso do Instagram, 22 meses, da ideia à concretização. E que tipo de métricas financeiras resulta numa cotação de US$ 1 bilhão? No Instagram, nenhuma métrica. Nenhuma receita e nenhum plano explícito para gerar receita. Fatos como esses levaram muita gente a concluir que a aquisição pelo Facebook por US$ 1 bilhão em 2012 era uma clara indicação de uma bolha. Na realidade, foi um dos melhores negócios da era da internet, já que, em 2014, a empresa provavelmente valia nada menos que US$ 10 bilhões. O Instagram — e seus 200 milhões de usuários ativos que compartilham 60 milhões de fotos por dia — abriu um excelente caminho para entrar nos celulares.

Quando **Steven Bertoni** conversou com o fundador Kevin Systrom, hoje com 30 anos, para escrever o primeiro artigo biográfico aprofundado sobre Systrom, o Instagram vivia em um limbo. O acordo estava fechado, mas o cheque ainda não tinha caído e os chefes corporativos do Facebook tinham sumido. Systrom também estava vivendo no limbo. Ele sabia que estava prestes a ficar incrivelmente rico, mas continuava vivendo com um orçamento apertado. Fora o dinheiro, talvez pouca coisa tenha mudado desde então: Systrom continua no comando da empresa — com operações independentes do campus do Facebook em Menlo Park —, que sua equipe enxuta de programadores tenta expandir, na esperança de o app um dia se transformar nos olhos do mundo.

K evin Systrom manejava uma sibilante máquina de café expresso no Caffé del Doge, em Palo Alto, na primavera de 2006, quando o fundador do Facebook, Mark Zuckerberg, aproximou-se do balcão com uma expressão confusa no rosto. No verão do ano anterior, Zuckerberg tinha levado Systrom para jantar no Zao Noodle Bar, na University Avenue, propondo que ele largasse a Stanford no último ano de faculdade para desenvolver um serviço de fotos para sua nova rede social, o The Facebook. Systrom recusou a proposta. Agora, o Facebook, sem o "The", valia US$ 500 milhões, estava a caminho de uma avaliação mais de 300 vezes maior e vinha estampado em todas as manchetes do mundo. Enquanto isso, Systrom preparava cappuccinos.

"Eu meio que tinha jogado na cara dele: 'Não, eu não quero trabalhar nesse seu negócio' e lá estava eu, trabalhando num café'", Systrom, então com 28 anos, me contou enquanto bebericávamos nosso café artesanal de US$ 4,50 no Sightglass Café, com jeito de galpão industrial, no bairro do SoMa, em São Francisco. Ao escolher ficar na Stanford, ele tinha aberto mão do que sem dúvida teria chegado a dezenas de milhões de dólares em ações do Facebook. "Eu nunca tive muito interesse em trabalhar numa startup para enriquecer e foi por isso que decidi terminar a faculdade. Era muito mais importante para mim terminar os estudos", Systrom deu de ombros. "Olhando para trás agora, sei que teria sido um bom negócio para mim, mas é engraçado pensar no que acabou acontecendo."

No caso de Systrom, o que acabou acontecendo foi exatamente aquilo que ele tinha rejeitado: o Facebook. No entanto, graças à sua decisão de continuar na Stanford, Systrom seguiu por conta própria — desenvolvendo a popularíssima rede social de fotos Instagram, que Zuckerberg concordou em adquirir em 2012 — e, em vez de ganhar milhões, estava prestes a embolsar US$ 1 bilhão. O preço de compra, que levou os aproximadamente 40% de Systrom a valer US$ 400 milhões, é ainda mais chocante considerando que a startup dele tinha zero de receita e nenhum modelo para ela. O Instagram, na ocasião com apenas 22 meses de idade, ainda mantinha todos os quatorze funcionários originais.

Mas o que Systrom também tinha — e do que o Facebook, na ocasião atordoado depois de uma agitada estreia ao público, precisava desesperadamente — era o buzz e uma plataforma móvel que tinha levado mais de 85 milhões de usuários a compartilhar quatro bilhões de fotos, com seis novos usuários se cadastrando a cada segundo.

"Foi a primeira coisa que eu vi que me pareceu verdadeiramente natural nas plataformas móveis", contou Matt Cohler, ex-vice-presidente de gestão de produtos do Facebook e atual partner geral da Benchmark Capital, uma investidora no Instagram. "O escalonamento do produto, a rede de usuários e a infraestrutura por trás de tudo já seriam façanhas extraordinárias em quaisquer circunstâncias, mas conseguir fazer isso com uma equipe tão pequena é um caso sem igual nos anais da tecnologia."

Enquanto os peixes grandes da internet tentavam forçar seus produtos a entrar nas plataformas móveis como quem tenta enfiar uma mala repleta de coisas no bagageiro do avião, a rede de fotos do Instagram já nasceu rápida, moderna e elegante. Bastava alguns simples toques na tela para tirar uma foto, editá-la (com belos filtros) e compartilhá-la com o mundo inteiro no Instagram. Mais alguns toques na tela e era possível fazer tudo o que o Facebook fazia, como postar comentários e curtir posts. "Você pode achar que o Facebook é um pacote de várias coisas diferentes, mas acontece que as pessoas gostam mais das fotos do que de qualquer outra coisa", explicou Adam D'Angelo, ex-diretor de tecnologia que assumiu o comando do site de perguntas e respostas Quora e foi um dos primeiros a investir no Instagram. "Então, se você se especializar em fotos e fizer isso muito bem, seu produto acaba tendo mais apelo do que esse pacote com todo o resto."

Systrom foi um dos primeiros a demonstrar que, na economia digital, uma grande ideia pode se transformar numa empresa de bilhões de dólares em questão de meses. No entanto, esses golpes inesperados de sorte, por mais que possam parecer frutos do acaso para quem vê de fora, quase nunca são acidentais. No caso de Systrom, sua boa sorte remonta diretamente à Stanford.

O campus de Palo Alto deu a Systrom seu primeiro vislumbre dos mundos da tecnologia e do *venture capital*, possibilitou seu primeiro estágio numa startup e seu primeiro emprego na Google. Ele descobriu sua paixão por fotos antigas num programa da Stanford de intercâmbio no exterior e conheceu Zuckerberg e sua jovem equipe do Facebook na festa de uma fraternidade em Stanford. Quando estava em busca de um cofundador para lançar a empresa que mais tarde se transformou no Instagram, foi um conhecido da Stanford que reuniu a dupla. "Quando ouço as pessoas dizerem que não vale a pena fazer faculdade e pagar tanto dinheiro em mensalidades, eu discordo vivamente", explicou Systrom. "Acho que aquelas experiências e aqueles cursos que podem não parecer necessariamente aplicáveis na ocasião acabam beneficiando os alunos vez após vez."

O magricela Systrom, do alto de seu 1,95 metro de altura, já era apaixonado pela tecnologia bem antes de entrar na faculdade. Aos 12 anos fazia pegadinhas em Holliston, Massachusetts, pelo AOL usando programas que lhe permitiam controlar o cursor e derrubar a internet dos amigos (suas travessuras ao estilo do Bart Simpson levaram a AOL a bloquear a conta da família). Ele se inscreveu na Stanford assim que terminou o ensino médio com a intenção de estudar ciência da computação, mas, depois de se matricular em um curso de programação avançada no primeiro ano da faculdade, Systrom ficou atordoado, passando 40 horas por semana estudando para apenas uma disciplina só para conseguir espremer um B: "Eu adorei, mas comecei a achar que não tinha talento para ser um cientista da computação". Então, ele se formou em ciência da administração e engenharia. "O curso basicamente me ensinou a ser um banqueiro de investimentos."

Systrom sempre se interessou pelo empreendedorismo e por startups (sua mãe foi uma das primeiras funcionárias da Monster.com e depois trabalhou na Zipcar) e passava as horas vagas criando sites na internet, como a versão do Craigslist para a Stanford. Outro site, que ele batizou de Photobox, foi criado para que seus colegas de fraternidade, a Sigma Nu, postassem fotos da última cervejada.

No terceiro ano, Systrom foi estudar fotografia em Florença, Itália. Ele chegou à Itália com uma sofisticada câmera SLR, mas seu professor de fotografia a trocou por uma câmera Holga barata. A câmera de plástico produzia imagens quadradas peculiares com um foco macio e ligeiras distorções que lhes davam um ar retrô. Systrom adorou a estética. "Aprendi a beleza da fotografia vintage e também a beleza da imperfeição." Foi o "momento Steve Jobs" de Systrom, um lampejo de inspiração artística que ele viria a combinar com a tecnologia para levar o Instagram a decolar à frente da concorrência.

Em Florença, Systrom se candidatou para entrar no programa de elite Mayfield Fellows, da Stanford: um curso envolvendo aulas teóricas e estágio que abria as portas a doze alunos para o mundo das startups e alocava um empreendedor e mentores de *venture capital* a cada aluno. "Você aprendia a angariar fundos, como os acordos eram estruturados, como os empreendedores tinham ideias e contratavam pessoal. Era um intensivão em administração de startups", Systrom conta. Tina Seelig, codiretora do programa, disse que Systrom se destacava em empreendedorismo. "Ele estava sempre criando coisas, sempre fazendo experimentos. Era natural para ele olhar para o mundo em busca de oportunidades."

No programa Mayfield, Systrom teve a chance de estagiar, durante as férias de verão, na Odeo, uma empresa de podcasts fundada por Evan Williams que viria a originar o Twitter. A Odeo deu a Systrom seu primeiro gostinho do ambiente imerso em adrenalina de uma startup e lhe mostrou como a capacidade de pensar rápido e uma mente flexível eram cruciais para a sobrevivência de uma empresa. No estágio, Systrom criou apps com um jovem engenheiro chamado Jack Dorsey, que em pouco tempo lançaria o Twitter e a empresa de pagamentos Square. Foi uma conexão importantíssima. Os dois não veganos do escritório fizeram amizade rapidamente quando iam juntos comprar sanduíches de frios, e Dorsey viria a ajudar o Instagram a decolar, criando demanda pelas fotos com filtro ao postar imagens em sua popularíssima conta no Twitter.

No último ano da faculdade, com a ajuda do programa de colocação profissional da Stanford, Systrom abriu mão de um cargo de gerente de projeto que lhe pagaria um gordo salário anual de seis dígitos na Microsoft por um bico de marketing na Google, que lhe rendia uns miseráveis US$ 60 mil por ano. A Google era o sonho de qualquer recém-formado, oferecendo sofisticados almoços grátis e retiros de desenvolvimento de equipes no Brasil, mas Systrom achou uma chatice redigir textos de marketing para o Gmail e o Google Calendar. Como não conseguiu trabalhar no desenvolvimento de produtos (a Google exigia um diploma em ciência da computação), ele se voltou ao desenvolvimento corporativo, dedicando-se a criar modelos de fluxos de caixa descontados para as empresas que a Google almejava adquirir e viu em primeira mão como grandes acordos são fechados na indústria da tecnologia.

Ansioso para voltar ao ambiente de startups que ele conheceu no estágio na Odeo, Systrom foi trabalhar em um site de recomendações de viagens chamado Nextstop, onde foi reconhecido como um programador de alta qualidade, criando designs para programas de e-mail que sugeriam usuários para seguir e criando jogos de fotos no Facebook. "De repente eu ganhei uma nova habilidade que poderia colocar em prática", conta Systrom. "Quando você tinha uma ideia que daria para efetivamente ser criada."

Não demorou muito para encontrar algo que ele queria criar: um site que combinaria a sua paixão por fotos, com a possibilidade de incluir a localização, e jogos sociais, inspirado, respectivamente, no Foursquare, que estava decolando na época, e na Zynga. Ele expôs informalmente a ideia — que na ocasião ele chamava de Burbn, em homenagem a sua bebida favorita, o *bourbon* — num encontro de VCs no Madrone Art Bar e chamou a atenção de Steve Anderson, da Baseline Ventures. Anderson conta que gostou da autoconfiança modesta de Systrom e de que o site de Systrom seria escrito no código HTML5, na época na crista da onda. No inverno de 2010, Anderson ofereceu US$ 250 mil para Systrom lançar a empresa (e a Andreessen Horowitz, outra empresa de *venture capital*, entrou com a mesma quantia) com uma condição: Systrom precisava de um cofundador.

A experiência de Systrom na Stanford continuou a render frutos muito tempo depois de ele se formar. Ele lançou o Burbn trabalhando em seu pequeno apartamento de um quarto em São Francisco e não raro ia trabalhar no protótipo no Coffee Bar, no bairro Mission, para poder ver outros seres humanos. Lá, ele às vezes topava com Mike Krieger, um brasileiro que se formou pelo programa Mayfield da Stanford dois anos depois de Systrom e que também estava desenvolvendo seus apps.

Krieger tinha se formado em sistemas simbólicos — uma combinação que a Stanford fez de tecnologia e psicologia que teve alunos do calibre de Reid Hoffman, da LinkedIn, e Marissa Mayer, da Yahoo — e estava criando um site de bate-papo, o Meebo. Um dia, Systrom deixou Krieger baixar seu novo app de localização. "Eu nunca tinha sido um grande fã de coisas baseadas em localização, mas o Burbn foi o primeiro app que eu adorei", Krieger me contou, observando que adorou a possibilidade de ver fotos das várias aventuras dos amigos.

Um mês depois, Systrom convidou Krieger para tomar café da manhã e tentou convencê-lo a largar o Meebo e para entrar no Burbn como cofundador. Krieger respondeu: "Tenho interesse, vamos nos falando". A dupla testou a parceria na prática, trabalhando em pequenos programas depois do expediente e nos fins de semana e, algumas semanas depois, Systrom se provou mais persuasivo do que Zuckerberg tinha sido anos antes. Krieger largou o Meebo e deu início ao que seria um processo de três meses para obter um visto de trabalho nos Estados Unidos.

No primeiro dia de Krieger no novo trabalho, contudo, Systrom declarou que o Burbn não sobreviveria. O Foursquare estava avançando demais. Eles foram forçados a criar algo novo e decidiram enxugar o Burbn e transformá-lo num serviço só para celular e exclusivo para fotos. "O iPhone tinha acabado de ser lançado e as pessoas estavam criando muita coisa legal, criando novos comportamentos", lembra Systrom. "Foi uma chance de criar um novo tipo de serviço, uma rede social que não se baseava num PC ou laptop, mas no computador que a gente leva no bolso."

Os cofundadores passaram duas semanas enfurnados no Dogpatch Labs, um espaço de escritório compartilhado nas proximidades do AT&T Park, criando um app de fotos que eles chamaram de Codename. Krieger trabalhou no design do app para o iOS da Apple enquanto Systrom focava o código back-end. O protótipo era basicamente um app de câmera do iPhone com funções sociais e de comentários. Nenhum dos dois se empolgou muito com ele. Frustrado, Systrom precisava de um tempo.

Ele alugou uma casa barata numa colônia de artistas em Baja California, no México, para tirar uma semana de férias. Caminhado pela praia, sua namorada, Nicole Schuetz, quis saber como um amigo fez para postar fotos tão bonitas no app. Ele tinha usado filtros. De repente,

Systrom se lembrou de sua experiência com a câmera barata em Florença. Ele passou o resto do dia numa rede, com uma garrafa de cerveja Modelo suando a seu lado, enquanto digitava furiosamente em seu laptop pesquisando e criando o design do primeiro filtro do Instagram, o X-Pro II.

Quando voltou a São Francisco, dedicou-se a criar novos filtros, como o Hefe (em homenagem à cerveja hefeweizen que ele tomou enquanto o criava) e o Toaster (em homenagem ao labradoodle de Kevin Rose, o fundador do Digg). Eles rebatizaram o produto de Instagram e distribuíram o novo app aos amigos — sendo que muito deles eram formadores de opinião do setor da tecnologia, como Dorsey, do Twitter —, que começaram a postar fotos filtradas nas redes sociais. O buzz começou a se formar.

O Instagram dá a fotos de câmeras de baixa qualidade uma aparência estilosa, retrô. Basta um toque na tela do smartphone e um pôr do sol qualquer se transforma num cartão-postal tropical, uma bicicleta velha ganha um toque de nostalgia e um hambúrguer meio comido vira uma imagem pungente. "Imagine se o Twitter tivesse um botão 'engraçado' ou se o Tumblr tivesse um botão 'inteligente'", disse Systrom. "Antes, a maioria dos apps de fotos pedia alguma coisa dos usuários. Eles diziam: 'Vocês produzem, atuam e encenam. Enquanto isso, o Instagram disse: 'Podem deixar a fórmula secreta com a gente'".

Munidos da fórmula secreta, Systrom e Krieger lançaram o Instagram na App Store da Apple à meia-noite do dia 6 de outubro de 2010. Uma multidão de usuários o baixou e Systrom e Krieger correram para a Dogpatch Labs para manter os servidores estáveis. Às seis da manhã, sites de mídia como o Bits Blog e o TechCrunch já tinham postado artigos sobre o lançamento. Os servidores pegaram fogo. Systrom e Krieger trabalharam 24 horas direto para manter o app rodando — para se ter uma ideia, nesse período, 25 mil usuários do iPhone baixaram o serviço gratuito.

"Daquele dia em diante, a nossa vida mudou", Systrom observou. Eles se voltaram a Adam D'Angelo, da Quora, que Systrom tinha encontrado com Zuckerberg numa festa na Stanford e que ajudou o Instagram a ter acesso aos servidores da Amazon.com e a expandir a plataforma. Em um mês, o Instagram tinha um milhão de usuários. Em pouco tempo, Systrom se viu sentado na quarta fileira da apresentação de Steve Jobs, vendo-o dar destaque ao app diante da multidão. Eles tinham chegado ao maior palco da tecnologia, mas foi quase uma missão impossível manter os servidores do Instagram rodando à medida que milhões de novos usuários aderiam ao serviço.

Enquanto relaxávamos num bar chamado Tradition — Systrom, Krieger, dois dos primeiros funcionários do Instagram, Josh Riedel e Shayne Sweeney, e eu —, foi fácil esquecer que aqueles quatro jovens de 20 e poucos anos usando jeans e camisa para fora estavam no comando de uma empresa de tecnologia bilionária. Mas, quando Krieger notou que uma foto que ele tinha tirado do cardápio do bar ainda não tinha sido curtida por ninguém (com 177 mil seguidores, a resposta costumava ser instantânea), um MacBook Air, um Hotspot da Verizon e uma pilha de iPhones se materializaram entre os copos de uísque envelhecido em barril.

Krieger vasculhou o código em seu laptop enquanto os outros conversavam com os engenheiros do Instagram pelo bate-papo do Facebook. Eles encontraram o problema e botaram a mão na massa. Poucos minutos depois, o problema estava resolvido, os gadgets foram guardados e eles pediram outra rodada de uísque. "É o nosso bebê", disse Systrom. "A gente não consegue dormir à noite e ele acorda a gente de manhã." A política da empresa requer que os engenheiros levem um laptop consigo o tempo todo. Computadores entram em cena em festas de aniversário, jantares com a namorada e festas de casamento. Uma vez, Krieger estava jantando em um restaurante natural quando o sistema caiu. Ele percorreu freneticamente a propriedade em busca de um sinal de rede sem fio até que finalmente encontrou uma barra de sinal... dentro de um galinheiro.

Essas proezas acrobáticas para manter o servidor rodando terminaram quando o acordo com o Facebook foi fechado em setembro de 2012. A equipe crescente agora tinha acesso à enorme infraestrutura de rede de Zuckerberg. O acordo, segundo Systrom, ocorreu durante uma semana frenética de abril, depois que ele voltou do Reino Unido. Na quarta-feira, US$ 50 milhões foram transferidos para a conta bancária do Instagram em uma rodada de investimentos Série B de *venture capitalists* que incluíram a Greylock, a Sequoia e a Thrive Capital, avaliando a empresa em US$ 500 milhões. No sábado, Zuckerberg convidou Systrom para uma visita a sua casa em Palo Alto. Dessa vez, Systrom aceitou o convite de Zuck. Na segunda-feira, o acordo bilionário, incluindo US$ 300 milhões à vista, foi fechado.

A aquisição do Instagram — uma empresa que naquela ocasião ainda não tinha ganhado nem um dólar sequer — levou muitos observadores da imprensa a clamar "Bolha!". Enquanto isso, alguns insiders sussurravam, "Que pechincha!", "A empresa valia muito mais do que isso. Acho que o Facebook fez um excelente negócio", avaliou D'Angelo, da Quora. "O Facebook deve ter ficado com muito medo de o Instagram cair nas mãos de algum concorrente que poderia transformar o app na própria rede social... A verdade é que os usuários do Instagram só querem compartilhar fotos e não é possível transferir essa multidão de usuários a alguma outra coisa. A rede já estava criada. Era tarde demais."

Olhando para trás agora, realmente parece que o Facebook fez um excelente negócio. O Instagram, hoje com 200 milhões de usuários ativos, foi um jeito barato de Zuckerberg poder entrar na dança dos apps. Com efeito, muitos filósofos de bar do Vale do Silício — pensando na tentativa fracassada do Facebook de adquirir o Snapchat por US$ 3 bilhões e nas aquisições do WhatsApp (US$ 19 bilhões) e do Oculus VR (US$ 2 bilhões) — bolaram a teoria de que, em 2014, um Instagram independente estaria valendo US$ 10 bilhões. Não temos como saber.

O que sabemos com certeza é que Systrom está podre de rico e ainda mantém o comando da empresa que cofundou. Ao contrário de suas outras aquisições, que são rapidamente absorvidas no Facebook, Zuckerberg se comprometeu em público a deixar Systrom administrar o Instagram independente do Facebook. Hoje, Systrom e Krieger usam o poder do Facebook para criar um serviço mais robusto para o Instagram. O objetivo deles é transformar o Instagram de um app para compartilhar fotos de gatos e pizzas em uma empresa de mídia que se comunica por meio de fotos.

"Imagine o poder de revelar o que acontece no mundo por imagens, e potencialmente outros tipos de mídia no futuro, a todas as pessoas que tiverem um smartphone", Systrom propôs. Se tudo desse certo, o Instagram seria uma janela portátil para o mundo, capaz de mostrar uma visão ao vivo de todos os acontecimentos do planeta como, digamos, manifestações na Síria ou os bastidores do Super Bowl. "Acho que eles têm uma oportunidade do calibre de Thomas Edison", diz Joshua

Kushner, da Thrive Capital. "Mais cedo ou mais tarde... vai bastar abrir o Instagram e ver o que está acontecendo em tempo real em qualquer lugar do globo, e isso tem o poder de mudar o mundo."

E, além disso, há toda a questão da receita. O Facebook não divulga a receita do Instagram, mas a plataforma conquistou grandes campanhas de marketing de gigantes da publicidade como Heineken, Mercedes-Benz, Oreo e Armani. Systrom já tinha previsto isso em 2012: "Acho que o formato visual dá muito certo para anunciantes. Se você segue a Burberry ou a Banana Republic, dá para ver que os posts dessas empresas no Instagram na verdade são anúncios... e as imagens são muito bonitas. Agora estamos focados no crescimento. Não queremos bater a carteira dos anunciantes".

Ele também não liga muito para o dinheiro em sua vida pessoal. Systrom, que ainda estava morando naquele mesmo apartamento de um quarto, vivia bem com um orçamento apertado. Uma noite, fui com a turma do Instagram ao antigo boliche do Exército no Presídio de São Francisco para comemorar o aniversário de um funcionário. Eu e mais quatro Instagramers nos espremermos no BMW preto modelo 2002 de Systrom, que ele tinha comprado usado quando trabalhava na Google. O GPS do carro estava quebrado e o homem de US$ 400 milhões quase cruzou a Golden Gate por engano. "Acho importante para a saúde mental não focar o dinheiro", ele teorizou. "Porque, com o tempo, isso seria de enlouquecer qualquer um."

CAPÍTULO CINCO

DANIEL EK, SPOTIFY: O HACKER DA INDÚSTRIA DA MÚSICA

É incrível pensar que o turbilhão provocado no mundo dos negócios por esse grupo de *enfants terribles* que sabem tudo da internet foi um fenômeno, em grande extensão, 100% norte-americano. Ninguém melhor para provar isso que Daniel Ek, do Spotify, o único cidadão não americano a ser incluído nas biografias deste livro. Esse acanhado fundador, que acabou de entrar na casa dos 30 anos, na verdade é sueco e sua empresa é sediada em Estocolmo, mas sua base de operações se aproxima cada vez mais de Nova York e a fonte de seu dinheiro é o Vale do Silício. Enquanto muitos de seus colegas da era digital acreditam ser necessário destruir a velha economia para salvá-la, no que diz respeito ao negócio de músicas, Ek tem uma vantagem clara: os hackers já tinham começado o trabalho e Steve Jobs e o iTunes em grande parte o concluíram. Quando **Steven Bertoni** começou a acompanhá-lo de um lado ao outro do Atlântico no segundo semestre de 2011, Ek era considerado por muitos o homem mais importante da indústria da música, talvez até o maior herói do setor. Em 2014, quando a Apple comprou a maior concorrente do Spotify, a Beats, por um valor assombroso de US$ 3,2 bilhões (um preço reforçado, naturalmente, pelos sofisticados fones de ouvido da empresa), quase 25% das receitas da indústria fonográfica eram provenientes do streaming de música.

Em uma tarde tipicamente chuvosa e escura de novembro em Estocolmo, Daniel Ek estava doente. O CEO do Spotify, então com 28 anos, tinha passado o mês anterior seguindo uma programação desgastante, viajando de sua base na Suécia a São Francisco, Nova York, Dinamarca, Holanda e França para visitar sua crescente força de vendas e lançar seu serviço de músicas numa das dezenas de países onde a empresa já atua.

Mas, apesar da exaustão, ele não podia parar. Precisava voltar a Nova York na semana seguinte para a sua primeiríssima coletiva de imprensa para apresentar a nova plataforma do Spotify. A mesma plataforma que ele acreditava não estar pronta para ser lançada ao público. "Eu deveria estar na cama", Ek suspirou, com a voz fraca e rouca, "mas a gente precisa acertar todos os detalhes". Por isso, Ek, careca e de ombros largos, fechou até o pescoço seu moletom branco com capuz, tomou chá no lugar do café — a primeira de seis doses que ele costuma tomar todo dia — e foi para um escritório que mais parecia uma biblioteca universitária no período de exames finais. A mesa de bilhar tinha sido trocada por mesas da Ikea e sofás-cama cinza foram providenciados para tirar um cochilo entre uma noite e outra passada em claro na labuta. Abrindo mão de sua grande sala, que ele em geral só usava para fazer reuniões, Ek estatelou-se diante de uma mesa na área comum do escritório. Ao redor dele, uma dúzia de engenheiros provenientes de praticamente o mesmo número de países, unidos por seus uniformes geek-chic — jeans *skinny*, camisetas com estampa e jaquetas de lã — digitavam furiosamente linhas e mais linhas de código em seus MacBooks prateados.

Toda essa energia frenética refletia a nova e estranha realidade da indústria da música. Mais do que em Nova York, Los Angeles ou Nashville, esse escritório alugado na avenida Birger Jarlsgatan de Estocolmo tinha se tornado o epicentro do setor. E Ek era o player mais importante. Bandas célebres como a Red Hot Chili Peppers — constituída no ano em que Ek nasceu — peregrinavam para a Suécia para beijar seu anel; seu iPhone ostentava uma foto dele dirigindo numa estrada com

Neil Young em um Lincoln Continental branco de 1959; sua caixa de entrada estava repleta de mensagens informais de Bono. "Meu avô e a minha avó [maternos] atuaram na indústria da música", Ek disse, dando de ombros, "então sou bem pé no chão com essa coisa toda".

A indústria da música tinha passado mais de uma década esperando por Ek. Ou, mais especificamente, por alguém — qualquer pessoa — capaz de: (a) oferecer algo mais atraente para os consumidores do que a pirataria e, ao mesmo tempo, (b) proporcionar um modelo de receita sustentável. Na década de 1990, Shawn Fanning e Sean Parker basicamente derrubaram a indústria fonográfica com seu efêmero site de downloads ilegais, o Napster, que Ek descreve como "a experiência na internet que mais me afetou". O site era rápido, gratuito e sem limites — foi no Napster que Ek descobriu suas duas bandas favoritas, os Beatles e Led Zeppelin — e ele se tornou um dos jovens de 18 a 30 anos hoje considerados uma geração perdida: jovens que não acreditam que é preciso pagar pela música.

Ao criar a verdadeira potência que é o iTunes com o que sobrou da indústria fonográfica, Steve Jobs provou que a cura podia ser quase tão destrutiva quanto a doença. Ensinando os consumidores a comprar músicas individuais em vez dos CDs que outrora foram o sangue que corria pelas veias da indústria fonográfica e abocanhando uma parcela desmedida dos lucros, a Apple jogou ainda mais lenha na espiral descendente. As receitas da indústria fonográfica, que totalizaram saudáveis US$ 56,7 bilhões em 1999 de acordo com a IBISWorld, despencaram para menos de US$ 30 bilhões em 2011.

Para chacoalhar ainda mais as coisas, eis que entra nesse cenário um terceiro fator desestabilizador: Ek. No contexto da tecnologia, enquanto a Google se encarregava das buscas, o Facebook, da identidade, e a Amazon, do varejo, Ek queria que o Spotify se encarregasse da trilha sonora. De acordo com a descrição dele: "Estamos levando a música para a festa". Isso explica o que mantém seus engenheiros sonolentos trabalhando 24 horas por dia. Em vez de ser um mero player de música — embora se trate de um modelo revolucionário que proporciona acesso legal a quase todas as músicas existentes, sob demanda e de graça —, a meta do Spotify era criar todo um ecossistema de músicas.

Para o consumidor, é fácil se convencer a usar o Spotify: os 24 milhões de usuários ativos do serviço (pessoas que o usaram em meados de 2014) têm acesso a mais de 20 milhões de músicas em seus computadores, tudo pelo custo de ouvir um anúncio publicitário ocasional. O sistema une a velocidade e a facilidade do iTunes, com a flexibilidade e a variedade do Napster e o preço atraente do serviço de rádio on--line Pandora. E, ao contrário desses antecessores, o Spotify oferece funcionalidades sociais desde o início, com ferramentas que permitem ao usuário compartilhar playlists com os amigos. Para você ter uma ideia, mais de um bilhão de músicas foram trocadas via Facebook no primeiro mês de operação do sistema na rede social.

Depois que foi chutado do cargo de primeiro presidente do Facebook, Sean Parker implorou a Ek para deixá-lo investir no Spotify: "Desde o Napster eu sonho em criar um produto parecido com o Spotify", ele escreveu em seu e-mail de apresentação. O serviço também impressionou Mark Zuckerberg. "Dei uma olhada e achei incrível", o fundador do Facebook me contou. "Eles internalizaram muito daquilo que a gente conversou, em termos do design social de apps." O "design social" de apps implica deixar o produto central — no caso de Ek, uma biblioteca de músicas conquistada a duras penas — nas mãos de desenvolvedores terceirizados de apps para ajudar o Spotify a evoluir, tornando o sistema ainda mais interessante aos clientes potenciais.

Veja como esse conceito se traduz em receitas: você fuça as playlists dos amigos, descobre novas músicas com apps da Rolling Stone, Billboard e Last.fm, e monta o próprio jukebox. Com o tempo, vai querer levar as suas músicas por toda parte. É aí que Ek entra. Com o Spotify você paga pela portabilidade (por US$ 10 mensais, você ganha acesso à sua coleção no seu dispositivo móvel).

De acordo com Mark Dennis, que liderou a Sony Music na Suécia, o Spotify conseguiu impedir sozinho uma década inteira de queda ininterrupta de receitas quando foi lançado em 2008. Em 2011, a indústria da música da Suécia teve o primeiro crescimento desde a administração Clinton, com o Spotify respondendo por 50% de todas as vendas (um aumento de 25% em comparação com o ano anterior). Isso em um país com uma longa tradição de pirataria.

Extrapole isso a uma escala global e a indústria da música pareceu ter encontrado sua varinha mágica. Hoje, mais ou menos um quarto dos usuários do Spotify assina o plano premium — são dez milhões de pessoas que dão credibilidade ao argumento original de Ek de que ele seria capaz de resgatar as gravadoras travando uma batalha de três frentes com a Apple, a Amazon e a Google... e dando seu produto de graça.

Daniel Ek descobriu as duas facetas do Spotify — música e tecnologia — quando tinha apenas 5 anos e ganhou um violão (seus avós maternos tinham sido uma cantora de ópera e um pianista de jazz) e um computador Commodore 20 (seu pai biológico abandonou a família quando Ek era um bebê, mas seu padrasto trabalhava em informática). Ele demonstrou um talento natural para os dois instrumentos. Em dois anos, já escrevia uma programação básica com MTV tocando ao fundo no apartamento da família no bairro violento de Ragsved (apelidado pelos moradores de "Drugsved").

Aos 14 anos, Ek mergulhou de cabeça na mania das pontocoms no fim dos anos 1990, criando sites comerciais no computador do laboratório de informática da escola. Na época, uma página inicial de um site comercial saía por US$ 50 mil, mas Ek cobrava US$ 5 mil e compensava a diferença com volume. Ele recrutou amigos adolescentes, treinando os gênios da matemática em HTML e os artistas em Photoshop. Em pouco tempo já estava ganhando US$ 15 mil por mês e comprando todos os videogames que eram lançados (um de seus jogos favoritos era um de administração chamado Capitalism).

Como os outros integrantes da primeira geração a crescer on-line, ele procurou dominar tudo o que tinha relação com a internet. Comprou alguns servidores para ver como eles funcionavam e acabou ganhando mais US$ 5 mil por mês hospedando páginas da web. Aos 16 anos, obcecado com a velocidade da Google, candidatou-se para trabalhar como um engenheiro lá (a resposta foi: "Volte quando tiver um diploma"), então decidiu montar a própria empresa de buscas.

O projeto fracassou, mas levou a um bico numa empresa chamada Jajja, onde ele trabalhou em otimização para ferramentais de busca. O salário era bom, mas o adolescente não se empolgou com o trabalho. Ele usou o salário para comprar mais servidores e tuners para saciar sua mais recente obsessão: gravar todos os programas de TV ao mesmo tempo (ele não fazia ideia de que a TiVo estava realizando a mesma façanha). Os servidores no quarto dele aqueciam tanto que Ek tirava a roupa e ficava só de cuecas assim que entrava no quarto.

Quando terminou o ensino médio, Ek matriculou-se em engenharia no Instituto Real de Tecnologia da Suécia. Oito semanas depois, percebendo que o primeiro ano inteiro se concentraria exclusivamente em matemática teórica, largou os estudos. Um dia, uma rede de anúncios sediada em Estocolmo chamada Tradedoubler o procurou para desenvolver um programa para agregar informações sobre os sites com os quais a empresa tinha contratos, e Ek criou um programa tão eficaz que a empresa lhe pagou cerca de US$ 1 milhão pelos direitos em 2006. Depois disso, ganhou mais US$ 1 milhão vendendo patentes relacionadas.

Então as coisas começaram a desandar. Aos 23 anos, Ek, um milionário que obteve sucesso pelos próprios esforços, viu-se sozinho no mato, 30 quilômetros ao sul de Estocolmo, sobrevivendo ao rigoroso inverno sueco e a uma crise ainda mais rigorosa de depressão. Em busca de emoções, ele tinha comprado um apartamento de três quartos no centro de Estocolmo, um Ferrari vermelho modelo Modena e acesso aos clubes mais badalados da cidade. Mas ainda era difícil atrair as garotas, e a carteira recheada e o estilo de vida pomposo acabavam atraindo as garotas erradas. "Eu fiquei profundamente inseguro sobre quem eu era e quem eu queria ser", Ek revelou. "Eu queria muito ser um cara muito mais descolado do que era."

Profundamente infeliz, ele vendeu a Ferrari e se mudou para um chalé perto da casa dos pais, onde passava o tempo tocando violão e meditando. Ek já tinha fundado três empresas de tecnologia e agora flertava com a ideia de ser um músico profissional. (Toca violão, guitarra, baixo, bateria, piano e gaita. Só não canta.) "Eu não seria rico, mas daria para ganhar a vida." Na floresta, Ek finalmente decidiu combinar de alguma forma a música e a tecnologia, suas duas grandes paixões. Naquele período de sua vida, fez amizade com o presidente do conselho da Tradedoubler, Martin Lorentzon, quinze anos mais velho que ele, mas a mesma resistência física (ele se exercita duas vezes por dia). Um veterano do Vale do Silício (AltaVista), Lorentzon abriu o capital da Tradedoubler em 2005, embolsando um lucro líquido de US$ 70 milhões. Ele não se envolvia mais nas operações do dia a dia da empresa e também estava entediado e à deriva. Na primeira vez que Ek visitou o apartamento de Lorentzon em Estocolmo, os únicos móveis que viu foram um colchão e um laptop numa cadeira. "Perguntei quando ele tinha se mudado", conta Ek. "Quando ele respondeu que tinha sido mais de um ano antes, soube que não estava feliz."

A dupla reforçou os laços vendo maratonas de filmes de gângster, como a trilogia de *O Poderoso Chefão* e *O pagamento final*, um ritual que eles repetem todo ano. "Eu simpatizei muito com Daniel assim que o conheci", Lorentzon observou. "Para fazer uma parceria, eu tenho de gostar da pessoa como se fosse um irmão, porque sei que teremos muitos problemas para enfrentar. O valor de uma empresa é a soma dos problemas que são resolvidos em conjunto."

Ek duvidava que Lorentzon sairia da Tradedoubler, de modo que, em 2006, lhe deu um ultimato de uma semana. Antes de eles se comprometerem com a parceria, Lorentzon teria de renunciar seu cargo de presidente do conselho e transferir um milhão de euros a título de capital inicial à conta de Ek. Na segunda-feira seguinte, a Tradedoubler enviou um comunicado à imprensa anunciando o pedido de demissão de Martin Lorentzon. Naquele mesmo dia, ele disse para Ek checar sua conta bancária. O dinheiro tinha sido transferido. E os dois ainda tinham de decidir que tipo de empresa fundariam juntos.

Lorentzon e Ek estavam em uma posição sem igual: o primeiro não precisava mais de dinheiro e o último não ligava mais para dinheiro. Eles decidiram ignorar o potencial de lucro e focar o potencial de disrupção. E o alvo escolhido foi a música. "Eu odiava o fato de que a indústria da música tinha ido por água abaixo, mesmo quando as pessoas ouviam mais música do que nunca e consumiam músicas de uma diversidade maior de artistas", Ek comentou.

Cada um em um cômodo diferente do apartamento de Ek, a dupla fez aos berros um brainstorming de possíveis nomes para o site de música — antes mesmo de saber o que o site faria —, quando Ek ouviu mal uma das sugestões de Lorentzon. Ele procurou a palavra "Spotify" no Google. Nenhum hit (hoje: 23 milhões). Ek e Lorentzon registraram o nome e começaram a trabalhar no plano de negócios baseado em anúncios. Feito isso, eles recrutaram um punhado de engenheiros e levaram a nova equipe a Barcelona para festejar e ouvir o que Ek chama de "electro-pop alemão bizarro". Em seguida, arregaçaram as mangas e botaram a mão na massa.

De volta a Estocolmo, criaram um protótipo baseado na interface do iTunes da Apple e na estilização elegante da TV de tela plana preta da Samsung de Ek. Diferentemente dos sites lançados com música pirateada, Ek só lançaria o Spotify depois de fechar acordos com as gravadoras. "A gente queria mostrar que não era nossa intenção usar o conteúdo deles para aumentar rapidamente o valor da empresa e vendê-la com lucro, como outros fizeram", Ek explicou.

Ek, com a ajuda de Fred Davis, um advogado especializado no setor, inicialmente tentou obter direitos globais para as músicas, mas as gravadoras não toparam. Assim, ele se concentrou em licenças europeias, achando que levaria três meses... mas acabou demorando dois anos. Ek e sua equipe acossaram executivos das gravadoras, tentando convencê--los de que seu modelo gratuito baseado em anúncios acabaria levando a mais vendas. Ninguém se convenceu. "Eles diziam: 'É, parece interessante', ou 'Me mande algumas estatísticas', o que na verdade quer dizer: 'Sem chances de a gente topar uma coisa dessas'", Ek contou, rindo. "Mas eu tinha 23 anos na época e pensei: 'Uau, que legal! Eles estão interessados. Vamos conseguir!'". Ek acabou carregando o Spotify com músicas pirateadas e enviou demos aos executivos do setor. Aquilo chamou a atenção deles. "As pessoas só entendem a ideia do Spotify quando experimentam o sistema", Ek explicou. "Depois eles contam aos amigos." Enquanto Ek negociava com a indústria fonográfica, o Spotify ia queimando suas reservas. Além dos salários e das despesas gerais, Ek e Lorentzon estavam prometendo adiantamentos milionários às gravadoras para ter acesso a seus catálogos de músicas. Os VCs nem chegavam perto deles. Para continuar, eles apostaram cerca de US$ 5 milhões no Spotify, além do capital inicial de Lorentzon de US$ 2 milhões. "A gente apostou a nossa fortuna pessoal e algumas vezes apostou a empresa toda", Ek conta. "Fomos levados pela nossa convicção, e não pela lógica, porque a lógica dizia que era impossível." Em outubro de 2008, o Spotify foi ao ar na Escandinávia, na França, no Reino Unido e na Espanha. Levou quase mais três anos para fechar acordos nos Estados Unidos.

"Ele foi o único empresário da tecnologia que teve a paciência para chegar aonde chegou na indústria fonográfica", observou Sean Parker, hoje um membro do conselho do Spotify e que ajudou a abrir as portas para acordos nos Estados Unidos, inclusive um acordo com o Facebook. "Ele tem uma paciência zen e a capacidade de não ceder à pressão ou se frustrar. Vive se colocando em situações que levariam uma pessoa normal a jogar a toalha." Em uma conversa com Ek no escritório dele, falava sentado ereto e imóvel como um Buda sueco. A única coisa que se movia era a boca, e ele nem piscava os olhos azuis glaciais.

Essa serenidade toda o ajuda a administrar o caos. Em 2011, Ek passou cem dias viajando entre a Europa, Nova York e a Califórnia, um cronograma que lhe custou a namorada de dois anos. Quando está em Estocolmo, Ek acorda lá pelas 8 e meia da manhã, passa uma hora respondendo a e-mails e vai até o escritório do Spotify, que fica a uns cinco minutos a pé de sua casa. Passa cerca de 25% de seu tempo em recrutamento. Quando não está recrutando, está à sua mesa no escritório sem paredes ou andando por lá. "Ek é uma das poucas pessoas", segundo Parker, "capaz de dar conta do lado da tecnologia, do lado da estratégia e do lado dos negócios".

Ek trabalha no escritório até as oito e meia da noite, janta na rua e volta para casa para relaxar, tocando violão por algumas horas ou lendo três livros ao mesmo tempo (quando conversamos, ele estava lendo a biografia de Steve Jobs, um manual de tipografia e um guia para cuidar de bonsais). Depois ele responde a mais e-mails antes de ir dormir, lá pelas duas da manhã. Lorentzon gostaria que Ek levasse uma vida mais equilibrada: mais exercícios, menos junk food, mais sono, menos trabalho. A última meta será difícil de atingir num futuro próximo.

Ek subiu ao branco e elegante palco do Stephan Weiss Studio em Greenwich Village, Nova York, pouco depois do dia de Ação de Graças de 2011, com dezenas de jornalistas fazendo anotações e um mar de câmeras de TV de prontidão para transmitir a coletiva de imprensa ao vivo. Ele estava empolgado com o lançamento da nova plataforma, mas mal conseguia esperar para a sua primeira entrevista coletiva chegar ao fim. Quando Ek atuava só na Europa, conseguia levar uma vida discreta. Mas, com a entrada do Spotify nos Estados Unidos, lar de venerados gurus de cultos do empresariado como Bezos, Gates, Zuckerberg e Jobs, ele precisou se transformar de programador a pregador. Para garantir a expansão do Spotify, precisava gerar buzz e badalação ao redor da plataforma e empolgar gravadoras, artistas e desenvolvedores para entrar na dança.

Não precisava conquistar investidores. A reputação de Ek tinha decolado nos últimos anos. O Spotify passou de um pequeno financiamento sueco a uma rodada de pesos pesados da elite das mídias sociais (Li Ka-Shing, Sean Parker e Founders Fund), que juntos investiram mais de US$ 50 milhões na empresa, avaliada em aproximadamente US$ 250 milhões. Consta que, alguns meses antes da entrevista coletiva, a DST, a Accel e a Kleiner Perkins teriam investido cerca de US$ 100 milhões no Spotify, avaliado em US$ 1 bilhão. "Daniel era um empresário com quem a gente queria, precisava, trabalhar", disse Jim Breyer da Accel. "Nós adoramos a combinação de paixão pela música e a ideia de eliminar todo o atrito da descoberta e do compartilhamento de músicas." Ek ainda detinha cerca de 15% da empresa. Graças a todo aquele capital inicial, Lorentzon detinha cerca de 20%. Com uma avaliação, em meados de 2014, chegando à impressionante faixa dos US$ 4 bilhões, os dois parecem prestes a ficar bilionários.

O Facebook também teve uma grande participação nessa história. A gigante da mídia social foi incorporada na plataforma de Ek, e vice-versa. Não é por acaso que bilhões de músicas são compartilhadas. "Desconheço qualquer outro app do Facebook com tantas funcionalidades", Ek observou. "Queríamos um app perfeito." Zuckerberg acrescentou: "Ele claramente tem objetivos bastante inovadores. Sabe muito bem o que quer e o que não quer para o produto".

A maior ameaça a Ek, no fim das contas, não é seu produto, mas a própria indústria que o Spotify objetiva salvar. O limite do sucesso do Spotify é sua biblioteca de músicas. Praticamente todas as bandas se renderam ao streaming (Beatles, uma das bandas favoritas de Ek, ainda se recusa a cooperar), enquanto outras, o Black Keys e o Radiohead, se queixam da porcentagem que os artistas recebem, apesar de o Spotify ter pago mais de US$ 1 bilhão em royalties até hoje. Scooter Braun, agente de Justin Bieber, entende o raciocínio, mas me disse: "Então eles deveriam dizer às rádios para não tocarem músicas de graça e ligar para o YouTube dizendo que eles não deveriam fazer os streamings gratuitos das músicas nos vídeos".

Ek também continua vulnerável às gravadoras, que controlam todas as músicas. Ele sabiamente chamou os grandes players para o jogo. Os acordos originais de licenciamento do Spotify concediam participações às quatro maiores gravadoras (Warner, Universal, EMI e Sony) e à

Merlin. Segundo observadores do setor, a porcentagem que esses players ganham, juntos, chega a 20%. No entanto, essas participações, embora consideráveis, não bastam para abafar automaticamente a insurreição. Ek vai ter de transformar a dinâmica de poder e criar a maior fonte de músicas do mundo, uma fábrica de sucessos tão grande que nenhuma gravadora ou artista vai poder se dar ao luxo de ficar de fora.

É por isso que ele abriu o Spotify aos desenvolvedores, na esperança de o sistema se transformar em uma plataforma universal de músicas ao mesmo tempo que lhe permite concentrar sua equipe fixa, hoje com 1.200 pessoas, no crescimento. "A Google tem 30 mil funcionários", Ek comparou. "Um lado meu se pergunta: 'O que aconteceria se todos eles realmente se concentrassem em melhorar as buscas?'". Ele sacou seu iPhone. Usando o software de reconhecimento de voz Siri, perguntou para que horas estava agendado seu primeiro compromisso do dia seguinte. Alguns segundos depois, a voz computadorizada respondeu, '11 horas'. "Imagine se a assistente digital fosse três vezes mais rápida ou se ela realmente soubesse a minha intenção", disse Ek. "Provavelmente seria a maior ameaça à Google, uma maneira completamente nova de interagir."

Será que ele planeja criar uma interface ativada por voz para o Spotify? Ele abriu um sorriso travesso. "Tocar Coldplay", ele instruiu o celular. Os pequenos alto-falantes do aparelho reproduziram os acordes de piano da abertura do hit *The scientist*. "A gente já decifrou esse problema algumas semanas atrás", Ek revelou, com um aceno de cabeça satisfeito. "Não sou um inventor. Só quero melhorar as coisas."

CAPÍTULO SEIS

AARON LEVIE, BOX: O HOMEM QUE QUERIA SER BILL GATES

É uma façanha no mínimo fenomenal quando um empreendedor de 20 e poucos anos consegue levantar mais *venture capital* do que praticamente qualquer outra pessoa na história (US$ 414 milhões) e é criticado à boca pequena pela "pequena" fortuna que reservou para si mesmo (US$ 100 milhões). Aaron Levie, fundador da Box, tem em mente uma meta muito maior do que simplesmente enriquecer. Ele está decidido, munido da coragem de um leão, a enfrentar e derrotar os maiores gigantes da história da tecnologia: IBM, Oracle e Microsoft. Se a Dropbox de Drew Houston quer ser o seu sótão digital pessoal, a Box de Levie quer ser o gabinete de arquivos digitais do seu escritório. Bill Gates e Larry Ellison, tomem cuidado! Como **Victoria Barret** descobriu em 2013, o homem obcecado por alguns dos negócios mais lucrativos desses dois empreendedores se revelou um talentoso comandante de batalha, avançando rapidamente com seus tênis néon chamativos na direção de uma gigantesca IPO (*Initial Public Offering*).

uando Aaron Levie tinha 26 anos, em 2011, ele tomou uma decisão que muitos considerariam imbecil, mas inegavelmente corajosa e na contramão da tendência das startups de se manterem "enxutas" na era da internet. Aos 45 minutos de uma reunião de rotina com o conselho de administração de sua empresa, chamada apenas de Box, Levie anunciou despreocupadamente: "Quero fazer um pequeno ajuste. Precisamos levantar mais US$ 50 milhões". A proposta foi recebida com um silêncio constrangedor. A Box tinha levantado US$ 106 milhões em fundos, uma quantia já inebriante para uma empresa com apenas US$ 21 milhões em vendas e nenhum lucro. Josh Stein, da empresa de *venture capital* Draper Fisher Jurvetson, um dos primeiros investidores e o maior incentivador de Levie, entrou na conversa: "Você disse US$ 15 milhões, é isso?".

Não. Cinquenta.

Um mês antes, Levie, com a aquiescência do conselho, recusou uma oferta de US$ 600 milhões da Citrix, a gigante da computação virtual. A oferta teria dado às pessoas presentes na reunião entre 3 e 50 vezes o montante que investiram na Box alguns anos antes. Agora Levie estava propondo que diluíssem sua participação em cerca de 15%. E ele nem tinha chegado a consultar seu cofundador.

Eles deveriam ter imaginado. Levie tem uma missão... uma missão nada barata: ser a Oracle da próxima geração de aplicações corporativas. O Box é um serviço de armazenamento e colaboração on-line que fechou o ano de 2013 com US$ 124 milhões de receitas, o dobro de 2012, e cinco vezes mais que 2011. Levie acredita que seria possível manter esse ritmo acelerado de crescimento, uma meta na qual ele não tem interesse.

Em vez disso, quer criar uma empresa de tecnologia transformadora para a era móvel, a cola que liga a miríade de dados e documentos das grandes empresas armazenados em todos os softwares díspares, disponibilizando esses dados e documentos com segurança em qualquer tablet ou celular. Na ocasião daquela reunião do conselho, em julho de 2011, a Box já oferecia uma experiência móvel melhor do que qualquer solução oferecida pela Oracle, pela SAP, pela Microsoft ou por qualquer outro concorrente. No entanto, a empresa só tinha cinco pessoas vendendo o serviço às grandes empresas, o que deixava a Box em uma desvantagem esmagadora em comparação com os gigantes do setor.

Depois de um interrogatório de duas horas, o conselho deu a Levie carta branca para levantar mais fundos para reforçar a equipe de vendas, e o que não lhe faltava era empolgação. Sua proposta inicial de US$ 50 milhões se transformou numa rodada de investimento de US$ 81 milhões e, em seguida, ele levantou mais US$ 150 milhões, a uma avaliação de US$ 1,2 bilhão, seguidos de outros US$ 100 milhões perto do Natal de 2013, o que levou a empresa a valer quase US$ 2 bilhões. Todo esse dinheiro foi necessário, considerando os US$ 169 milhões que a Box, obcecada pelas vendas, perdeu em 2013, de acordo com documentos pré-IPO submetidos no início de 2014. Até Levie parecia meio perdido. "Desculpem, estou falando de qual rodada mesmo?", ele perguntou nervoso, estalando os dedos. Levie vive mexendo em alguma coisa — seu iPhone, seus cabelos cacheados, a barra de seus jeans, o cadarço de seu tênis — entre goles de intermináveis xícaras de café preto sem açúcar. Ele normalmente levanta às 10h20 da manhã e tende a passar o dia inteiro em jejum, só comendo no jantar, depois de um cochilo de meia hora em seu refúgio no escritório, um cômodo de 2,5 por 3 metros, mobiliado apenas com um quadro branco cheio de rabiscos, um sofá roxo, dois tampões de ouvido laranja e um inalador. Ele raramente bebe, apesar dos frequentes jantares de negócios regados a vinho, porque é depois da meia-noite que costuma responder aos e-mails antes de desabar na cama às três da madrugada. Seu conselho de administração tem sido paciente em parte devido à ética de trabalho de Levie e em parte porque ele também está diluindo a própria participação, apostando que juntos eles poderão, sim, ter uma porcentagem menor, mas de algo muito maior. Enquanto seu amigo e rival no negócio de armazenamento on-line voltado aos consumidores, Drew Houston da Dropbox, manteve uma participação estimada de 15%, Levie só detém uns 5,7% da Box, o que lhe dá direito a "meros" US$ 100 milhões, mais ou menos, pré-IPO, para acrescentar à sua fortuna pessoal. "A minha o quê?", ele pergunta, dando uma bombada simulada no inalador. A maior extravagância de Levie foi um BMW Série 3 que ele financiou por leasing cinco anos antes. "Estou vivendo a vida dos meus sonhos de moleque de 12 anos. Eu não tenho hobbies. Quero criar uma grande empresa, só isso."

Ele escolheu um setor formidável para fazer isso. De acordo com a Gartner, quatro empresas fundadas décadas atrás — a Microsoft, a

IBM, a Oracle e a SAP — ainda controlam metade do mercado de software, que em breve superará a marca dos US$ 300 bilhões. Todas as outras concorrentes dividem o restante. O negócio tradicionalmente envolve dispendiosos acordos de licenciamento e custos de instalação ainda mais dispendiosos, seguidos de taxas de consultoria e manutenção contínuas só para manter o software atualizado. No entanto, os produtos que essas empresas vendem são em grande parte arcaicos. A maioria se restringe a servidores que conversam com PCs mas não rodam em dispositivos móveis, apesar de cerca da metade dos trabalhadores norte--americanos já usar smartphones para trabalhar e um número crescente também usar tablets, de acordo com a Forrester Research.

A nova onda de softwares empresariais mais práticos e baseados na nuvem, que teve início na última década com a Salesforce, a Netsuite e a Workday, cresceu para incluir dezenas de startups que estão entrando no mercado corporativo com preços flexíveis, acesso móvel e ferramentas tão fáceis de usar quanto o Facebook. O software B2B também tem se mostrado uma aposta de investimento muito mais saudável. As IPOs da Workday e da Splunk foram grandes sucessos, enquanto IPOs de empresas da web voltadas ao consumidor, como a Zynga e a Groupon, decepcionaram.

Levie criou o Box de olho nesse novo mundo. Um arquivo armazenado no Box (que pode ser tão simples quanto um documento do Word ou tão complexo quanto um modelo em 3D de um novo prédio) pode ser visualizado e compartilhado (e, em alguns casos, até editado) em qualquer dispositivo equipado com um navegador. O Box tem apps em todos os principais sistemas operacionais móveis. A visão de Levie para o futuro reúne os softwares da nova geração de players e coloca o Box no centro, atuando como um guarda de trânsito para os dados, de modo que qualquer dado armazenado em qualquer software possa ser facilmente acessado com outro aplicativo. No mundo de Levie, os dispendiosos hardwares de armazenamento e os pacotes de software de colaboração da Microsoft, da Hewlett-Packard, da IBM, da EMC e da NetApp são dispensáveis.

A arma não tão secreta do Box é seu modelo de negócio "freemium". Você ganha 5 gigabytes de armazenamento on-line e funcionalidades básicas. Se quiser melhorias, uma segurança melhor e controles sofisticados, o Box pode sair por apenas US$ 5 por mês, por pessoa. Hoje, apenas 7% dos mais de 20 milhões de usuários da empresa são pagantes, mas a expansão do número de contas existentes está gerando 40% de crescimento anual de receita.

A Box já está se tornando a ambiciosa visão que Levie revelou a seus investidores naquela decisiva reunião do conselho. A empresa fechou quatro vezes mais contratos anuais de valor superior a US$ 50 mil em 2012 em comparação com 2011, contando como clientes empresas como a Gap, a Electronic Arts e a Discovery, e em 2014 estava fechando acordos com gigantes como a General Electric. No entanto, apesar de seu quadro de funcionários ter crescido para cerca de duzentas pessoas, mais de dois terços dos negócios da Box são fechados quando alguém do departamento de TI de uma empresa nota que os funcionários estão usando o Box e quer se precaver com medidas de segurança e controles administrativos.

Os gigantes do setor também notaram o Box e estão rapidamente imitando a abordagem freemium e móvel de Levie. A Salesforce lançou o Chatter, uma espécie de "Facebook para empresas", com um modelo freemium em 2010. Em 2012, a Microsoft adquiriu a Yammer, uma empresa de ferramentas sociais freemium para empresas, por US$ 1,2 bilhão, mencionando o modelo de negócio da empresa para justificar a aquisição. E a Google também adaptou o Google Docs para as necessidades corporativas. Enquanto isso, a Oracle, a Microsoft, a SAP, a Netsuite e a Salesforce fizeram fila para firmar uma parceria com a Box, possibilitando que seus vendedores tivessem uma resposta para a inevitável pergunta dos clientes sobre como acessar os dados em uma miríade de dispositivos móveis que atravancam o sistema de uma empresa.

Toda essa ação é o que, literalmente, impede Levie de dormir à noite. De acordo com o empresário de 28 anos: "Eu tenho mais cabelos brancos que o presidente Obama".

Parte desses cabelos grisalhos em seu topete ondulado resulta de uma carreira empreendedora absurdamente incomum. Levie cresceu em Mercer Island, Washington, um verdejante subúrbio de Seattle, onde a prosperidade do setor da tecnologia, proveniente da Microsoft e da Amazon, parecia fluir pelo ar. Aos 8 anos, ele distribuía folhetos se oferecendo para arrancar ervas-daninhas do jardim, levar cachorros para passear e qualquer outro trabalho pelo qual um vizinho estivesse disposto a pagar. Completou seu décimo aniversário no ano da fundação da Netscape e passou a pré-adolescência navegando na internet, em geral até as duas da madrugada, criando uma nova ideia por semana para abrir a própria empresa e tentando convencer o pai, Ben, um engenheiro químico, e a mãe, Karyn, uma fonoaudióloga, a investir na ideia. "Para falar a verdade, era bem cansativo", admitiu a mãe. "Ele chegou a me dizer que eu deveria abrir uma empresa para oferecer alguma ferramenta de fonoaudiologia aos meus colegas. Quero dizer, depois de um tempo, eu meio que parei de ouvir."

Por sua vez, os colegas da escola se encantavam com as ideias. Enquanto ele ficava obcecado com os modelos de negócio baseados naquela novidade chamada internet, seu amigo Jeff Queisser, que morava a quatro casas de distância na mesma rua, arrastava seu gabinete da Dell de dez quilos e monitor de tubo pela rua para os dois passarem a noite inteira em claro programando. A isso se seguiu umas quinze startups. Eles montaram um quiosque na internet para hotéis e shoppings, um portal na internet para anúncios de imóveis e o "Zizap", que Levie descreveu como uma "ferramenta de busca muito, muito lenta, que o usuário pagava por pesquisa". Todas as ideias se revelaram um fracasso, apesar de Levie considerar a palavra "binária" demais: "Fracasso? Eu não diria isso. Elas não decolaram, é verdade, mas aprendi alguma coisa com cada uma delas".

Além das lições aprendidas, ele reuniu uma equipe. Seu cofundador e os principais executivos da Box foram colegas da Escola Mercer Island no ensino médio: Queisser lidera as operações técnicas, Dylan Smith é o diretor financeiro, Sam Ghods supervisiona a tecnologia e Ashley Mayer é diretor de relações públicas. "A gente não era um grupo de amigos na escola", conta Smith. "Aaron foi atrás da gente e nos uniu em prol de uma de suas muitas causas."

Apesar das notas medianas, Levie conseguiu entrar na faculdade de administração da Universidade do Sul da Califórnia. Ele trocava ideias de startups por e-mail com Smith, que tinha ido estudar medicina na Universidade Duke.

Uma dessas ideias era criar uma espécie de rede social para estudantes universitários, mas que se restringia a relacionar os interesses dos alunos. Levie também lançou um site chamado socalendar.com, um diretório de eventos em Los Angeles e região. Foi um fiasco. Mas a ideia que mais os empolgou surgiu numa aula de marketing no segundo ano de faculdade. Levie decidiu pesquisar o setor de armazenamento on-line e imediatamente viu uma excelente oportunidade de entrar como um intermediário. Ele cobraria US$ 2,99 por mês por um gigabyte de armazenamento que lhe custaria apenas um dólar.

Em 2005, convenceu Smith a lançar uma empresa de armazenamento on-line no sótão dos pais de Smith, em Mercer Island. Eles alugaram servidores com os US$ 15 mil que Smith ganhou jogando pôquer on-line, passaram na casa de celebridades da tecnologia em Seattle, como Paul Allen, distribuindo prospectos e fizeram ligações não solicitadas para uns 25 VCs. Ninguém se manifestou. Foi então que Mark Cuban mudou tudo. Levie tinha mandado uma sugestão de artigo ao bilionário e blogger das pontocoms. Cuban respondeu dizendo que queria investir. Seis semanas depois, eles estavam com o cheque de US$ 350 mil nas mãos e ele, com os direitos a 30% da empresa. Levie e Smith decidiram abandonar a faculdade e ir ao Vale do Silício, e foram dirigindo o Nissan Quest da mãe de Levie até um chalé no quintal dos fundos da casa de um tio, em Berkeley.

Um grande número de novos clientes estava se cadastrando no serviço, mas Levie achava que ainda era pedir demais para os clientes informarem os dados do cartão de crédito para abrir uma conta do Box. Eles fizeram algumas contas e constataram que poderiam dar o primeiro gigabyte de graça e cobrir os custos se apenas 3% dos clientes fizessem o upgrade de US$ 2,99 por giga, já que esses clientes pagantes provavelmente iriam querer mais espaço de armazenamento no futuro. No início de 2006, o Box adotou o modelo "freemium" e, da noite para o dia, multiplicou em cinquenta vezes o número de cadastramentos diários. Excelente penetração... mas uma aposta aterrorizante. Cuban não ficou satisfeito com a equação, segundo a qual os investidores precisariam bancar os "parasitas" na esperança de compensar os custos no futuro.

Em outubro daquele ano, a empresa de *venture capital* Draper Fisher Jurvetson entrou com US$ 1,5 milhão e parte desse dinheiro foi usada para comprar toda a participação de Cuban. Cuban criou sua fortuna multibilionária com algumas manobras brilhantes na hora certa, mas essa decisão em particular se revelou um desastre, considerando que sua participação, mesmo se ele não investisse nem um tostão a mais, hoje valeria mais de US$ 100 milhões.

No começo, contudo, parecia que Cuban estava com a razão. A receita da Box não chegou a US$ 500 mil em 2006 e, embora os consumidores implorassem por novas funcionalidades, eles não se dispunham a pagar por elas. Os concorrentes estavam reduzindo os preços e começaram a surgir boatos de que a Google e a Apple em breve ofereceriam armazenamento grátis na nuvem.

O Box ainda era uma operação minúscula. Os dois cofundadores da empresa e alguns colegas do ensino médio dormiam em colchões espalhados no chão de uma garagem ao lado do escritório de um cômodo em Palo Alto. Levie atendia pessoalmente algumas ligações de clientes, o que se revelou um excelente exercício de pesquisa de mercado. Muitos dos clientes eram funcionários de escritório "rebeldes" que armazenavam arquivos na nuvem e trabalhavam em colaboração sem a aprovação do departamento de informática. Levie perguntava quais novas funcionalidades eles gostariam de ver no Box. Muitos disseram que pagariam de bom grado cem vezes mais do que o Box estava cobrando se o serviço tivesse recursos de segurança e um painel de controle que mostrasse a utilização. Os funcionários disseram a Levie que o Box era mais fácil de usar do que o SharePoint, um produto similar da Microsoft. Quando Levie descobriu que o SharePoint rendia à Microsoft US$ 2 bilhões por ano, ele percebeu que tinha direcionado a empresa aos clientes errados.

Em uma das maiores "pivotagens" da história recente do Vale do Silício, a Box abandonou o mercado voltado ao consumidor final e se reinventou como uma empresa de software corporativo em meados de 2007. Também nesse caso a empresa se viu diante de uma pilha de dinheiro cada vez menor e a Draper Fisher queria que outro investidor aderisse antes de decidir reinvestir. Levie procurou vinte empresas de *venture capital*, mas nenhuma quis chegar perto da Box porque o histórico de sucesso de Levie e seu conhecimento desse novo mercado eram desprezíveis e o estilo "moletom com capuz", que funcionava para Mark Zuckerberg, não caía bem em Levie. (O uniforme revisitado dele agora é um blazer escuro, jeans, camisa e tênis Puma Neon.)

Levie finalmente convenceu Mamoon Hamid, então com 29 anos, da U.S. Venture Partners. A injeção de US$ 6 milhões em janeiro de 2008 garantiu a sobrevivência da Box por mais um ano enquanto os fundadores ajustavam os recursos do serviço ao mercado corporativo, incluindo uma funcionalidade que permitia aos administradores deletar contas, monitorar quem acessou qual arquivo e quando e controlar quais grupos podem ter acesso a quais arquivos e pastas.

Levie se pôs a aprender tudo o que havia para ser aprendido sobre o software corporativo. Ele devorou clássicos do setor como *Pai, filho & cia.*, de Thomas J. Watson Jr., sobre os primeiros anos da IBM, e *Softwar*, de Matthew Symonds, uma hagiografia autorizada de Larry Ellison. "Eu mergulhei de cabeça", disse Levie. Literalmente: ele forrou as paredes de seu apartamento encardido com pôsteres de um metro de altura de logos da Oracle, da Sun Microsystems, da Salesforce e da Siebel Systems. (Apesar de desbotados, eles continuam lá. Sua namorada, assistente de um juiz federal do Arizona, "passa muito pouco tempo aqui e não liga", ele confidenciou.)

Ele teve uma segunda epifania em abril de 2010, quando viu o webcast ao vivo de Steve Jobs revelando o primeiro iPad. "A minha cabeça entrou em parafuso", Levie lembrou. "O dispositivo parecia uma folha de papel e a maioria das empresas ainda administrava os negócios usando exatamente aquilo: papel." Enviou imediatamente um e-mail aos programadores do Box com instruções para que desenvolvessem um app para o iPad antes de o dispositivo começar a ser vendido nas lojas. E eles conseguiram.

Foi mais ou menos quando a Procter & Gamble começou a sondar a Box. Os executivos da gigante dos produtos de consumo estavam começando a usar o iPad e queriam ter acesso a seus arquivos. E, apesar de ter levado dezoito meses cortejando e customizando o serviço para fechar o negócio, poder oferecer um produto que funcionasse sem percalços para 18 mil funcionários da P&G abriu as portas de outras grandes empresas para a Box.

Levie dedicou o ano de 2011 a aprender ainda mais. Mandou um e-mail aos seus pioneiros favoritos do setor com um pedido simples, embora ousado e até um pouco arrogante: "Passe uma hora comigo". Tom Siebel, que fundou a Siebel Systems (adquirida pela Oracle por US$ 5,85 bilhões em 2005), contou a Levie que chegou a viajar para quatro estados norte-americanos num só dia para conversar com clientes. Craig Conway, que liderava a PeopleSoft quando a empresa foi vendida à Oracle por US$ 10,3 bilhões, deu uma olhada na agenda de compromissos de Levie, viu poucas reuniões com clientes e deu o mesmo conselho. Levie, focado nas operações da Box, tinha perdido a perspectiva. Lembrando que foram aquelas ligações de atendimento ao cliente que salvaram a empresa no passado, ele se pôs a conversar com oito clientes por semana, fazendo uma enxurrada de perguntas para saber do que eles mais gostavam e o que eles achavam que o Box podia melhorar.

Essa turnê de consultas aos clientes não só ajudou a aperfeiçoar a estratégia da Box como também ajudou a aperfeiçoar o próprio Levie. O mesmo cara que foi rejeitado por dezenas de VCs agora era considerado um empreendedor-modelo. "A gente tinha exatamente a mesma visão de tudo", comentou Gary Reiner, sócio da empresa de *venture capital* General Atlantic, que passou meses no *due diligence* da Box antes de decidir investir US$ 100 milhões na empresa em 2012. "É como se ele estivesse fazendo isso há vinte anos. Tem uma resposta para tudo o que eu pergunto."

A sede da Box em Los Altos lembrava mais a área de lazer do Facebook do que as torres frias da Oracle. O local inclui um escorregador amarelo-canário, uma sala com mesas de pingue-pongue, estátuas de unicórnio e uma profusão de patinetes. "Eu mesmo não sou um grande fã de patinetes, mas esse tipo de coisa é importante para a nossa cultura", ele explicou.

O número de funcionários da Box se aproxima dos mil, sendo que muitas importantes contratações vieram da Oracle, da Google e da Salesforce. No entanto, apesar de toda essa frivolidade, o perigo espreita. Não passa um mês sem alguma ameaça mortal contra a Box. A gigante da virtualização VMWare anunciou planos de oferecer sincronização de arquivos em 2012. A Salesforce, que investiu na Box, anunciou uma funcionalidade de armazenamento rival chamada Chatterbox mais ou menos na mesma época, apesar de ter abandonado a iniciativa em 2013. A Dropbox, por sua vez, lançou o Dropbox for Business, para arrebatar uma parte dos lucrativos clientes corporativos.

E, como se tudo isso não bastasse, a Microsoft também está com a Box na mira. Levie teve sorte de competir inicialmente com o software SharePoint da gigante Redmond. Apesar de a Microsoft o incluir em pacotes com outros produtos e às vezes ameaçar aumentar os preços dos produtos existentes se os clientes indicarem um desejo de mudar, a SharePoint é notoriamente cara. A cada US$ 1 que os clientes gastam no software em si, a Microsoft gasta em média US$ 8,70 para empresas terceirizadas (desenvolvedores e consultores de TI) manterem o produto rodando. O SharePoint tem muito mais funcionalidades que o Box, como integração com sistemas de inventário, mas costuma ser de difícil utilização e, até recentemente, não rodava em dispositivos móveis com o sistema Android da Google ou o iOS da Apple. O gorila de 500 quilos, no entanto, despertou. "A Box, ao lado de outras empresas menores, chegou lá antes da Microsoft", comentou Jared Spataro, o diretor sênior de marketing da SharePoint. "Mas os clientes sempre querem menos fornecedores, não mais."

As defesas de Levie, criadas com a ajuda de seu mais recente *consigliere*, Ben Horowitz, sócio-fundador da empresa de VC mais badalada do Vale, a Andreessen Horowitz, que investiu US$ 48 milhões na Box em 2011, são algo como: crie uma equipe de vendas igual à da Oracle e ao mesmo tempo preserve a cultura inovadora e ágil da Box; além disso, transforme a Box em uma plataforma viável com a qual outras empresas de software podem se conectar e vender tecnologias relacionadas a arquivos. O único jeito de Levie se transformar no próximo Larry Ellison é incluir o Box no centro dos dados mais importantes de uma empresa. "Eu preciso fazer tudo, tudo ao mesmo tempo, o mais rápido que eu puder", disse Levie, exultante com o fato de ter dado um passo maior que a perna. "Se eu tivesse alguma noção de como o setor funciona, jamais tentaria fazer o que fizemos. Nessas horas é bom ser ignorante."

CAPÍTULO SETE

JACK DORSEY, TWITTER, SQUARE: PAU PARA TODA OBRA

Jack Dorsey é considerado um dos multitarefas de maior sucesso da história corporativa. Ele foi cofundador de duas das empresas de tecnologia mais badaladas, praticamente uma depois da outra, embolsando uma fortuna de US$ 1 bilhão com cada investimento, ao mesmo tempo que atuava como presidente do conselho de uma e como CEO da outra.

Todo mundo conhece a história do Twitter. Uma plataforma promocional, uma ferramenta da defesa da democracia, um disseminador de notícias... o Twitter é tudo isso, além de ser a concretização da visão original de microblogging de Dorsey. A avaliação pós-IPO do Twitter resvala nos US$ 40 bilhões. A menos que você tenha uma microempresa e esteja ansioso para aceitar cartões de crédito, a Square é uma opção menos conhecida e seu futuro é muito mais incerto — apesar de a empresa ter levantado US$ 200 milhões com avaliações que, em 2014, chegaram a US$ 5 bilhões —, dada a enorme concorrência que vem surgindo no setor de pagamentos via celular. Mas tudo isso é praticamente irrelevante: quando **Eric Savitz** passou um tempo com ele, Dorsey, hoje com 37 anos, estava concentrado no desafio que a maioria dos empresários de sucesso enfrenta: como alocar tão bem o tempo a ponto de criar um campeão de vendas... vez após outra?

Dá para falar sobre tudo com Jack Dorsey. Só nos primeiros quinze minutos de uma visita, em São Francisco, à sede da Square, a empresa que produz o dispositivo que transforma um smartphone numa máquina de cartão de crédito/débito, falamos sobre como ele aloca o tempo, como a empresa organiza o trabalho, uma aquisição recente, reuniões de equipe, transparência corporativa e o que ele come todo dia no café da manhã (dois ovos cozidos com shoyu). Fomos rapidamente à cafeteria da empresa, onde ele insistiu para eu provar um *kombucha*, uma bebida energética feita de chá fermentado. Ele sugeriu que eu experimentasse a versão de uva, já que as garrafas da variedade com cereja, ele explicou, tendem a explodir. "Você não vai gostar no começo", ele advertiu, acertadamente, sobre a bebida com gosto de vinagre.

Depois ele me levou para um tour pelo terceiro andar do prédio do *San Francisco Chronicle*. Dorsey parou no amplo escritório de layout aberto, sem divisórias, entre fileiras e mais fileiras de mesas, para espiar o que um funcionário estava fazendo num Mac com um monitor enorme e depois entrou na conversa de um grupo de artistas gráficos e pessoal de marketing ao redor de uma mesa alta. O escritório tem 21 salas de conferência, todas com paredes de vidro e todas batizadas com nomes de praças (*squares*, em inglês) famosas, como Tahrir (no Cairo), São Pedro (no Vaticano) e Old Market (em Nottingham, onde o lendário Robin Hood foi — ou não — enforcado). Numa sala pouco iluminada, um pequeno grupo de engenheiros trabalhava na integração de um grande projeto da Starbucks, que investiu US$ 25 milhões na Square e hoje usa o sistema para processar todas as transações de crédito e débito de suas lojas norte-americanas.

"O nosso escritório não tem muitas salas e paredes porque a gente acredita em golpes de sorte e as pessoas têm mais chances de se esbarrar e aprender umas com as outras", Dorsey explicou com um leve aceno de mão. "Mas de vez em quando a equipe inteira precisa focar alguma coisa."

Esse empresário filosófico evoca outro mago da tecnologia com tendências místicas. Mas Dorsey — antes de tudo um programador, e só depois um empresário — é mais nerd do que Steve Jobs, e pelo jeito consegue manter seu ego sob controle. Como Jobs, Dorsey é um revolucionário em escala épica e também um reincidente. O Twitter, o serviço de microblogging que ele cofundou em 2006, transformou mais de 500 milhões de pessoas do planeta em emissores de mensagens capazes de revolucionar o mundo. E, ao aceitar pagamentos eletrônicos com a Square, mais de dois milhões de empresas estão subvertendo a indústria de serviços financeiros. Para você ter uma ideia, em 2013 a Square ultrapassou a marca dos US$ 500 milhões em receita.

Dorsey ficou bilionário com essas empresas. Sua participação no Twitter, depois da IPO em 2013, valia mais de US$ 1 bilhão. Naquele mesmo ano, sua participação na Square, com base em avaliações de financiamento, também se aproximava de um bilhão. Antes de cocriar duas das empresas mais quentes do setor da tecnologia, ninguém teria imaginado que Dorsey podia ser tão brilhante e focado. Ele desenvolveu programas de gerenciamento de chamadas para ambulâncias e viaturas de polícia, largou a faculdade (duas vezes), dedicou-se a aprender desenho botânico, tornou-se um massagista certificado e flertou um pouco com design de moda. Ultimamente, tem dado sinais de que gostaria de ser prefeito de Nova York. A mãe às vezes se desesperava achando que ele nunca iria se encontrar.

Mas ele não se preocupava. Os desvios faziam parte do roteiro e sua digressão é o outro lado da moeda de sua intensa disciplina. Dorsey é um eterno viandante, mental e fisicamente, porque as caminhadas o ajudam a se concentrar: "A melhor hora para pensar é quando estou caminhando". Ele praticamente abriu uma trilha entre a Square, seu último apartamento, virando a esquina, e o escritório da Twitter, a poucos quarteirões de distância. Antes de começar o dia, ele corre de cinco a oito quilômetros. E ele gosta de levar os novos recrutas em excursões por São Francisco.

O gerenciamento caminhando pelos corredores ficou famoso trinta anos atrás com o livro *Vencendo a crise*, que enaltecia a liderança e a inovação de empreendedores como Bill Hewlett e David Packard. Dorsey tem o próprio estilo de "flexibilidade e rigor": trabalho com autonomia mas respeitando valores centralizados. "Preste atenção aos menores detalhes", Dorsey costuma dizer, "mas fique de olho no que mais importa".

Ele se concentra não só em ideias revolucionárias, mas também em tipos radicalmente diferentes de estruturas corporativas para sustentar e desenvolver essas ideias. Intencionalmente ou não, Dorsey dá ao mundo um modelo original de como lançar e gerenciar uma empresa.

Dorsey cresceu em St. Louis e é o filho mais velho de Tim e Marcia, seus maiores fãs. Em setembro de 2013, os dois foram a Detroit para ver o filho dar uma palestra na conferência Techonomy. E Jack, bastante familiarizado com os holofotes, confessou que ficou nervoso nos bastidores. Segundo ele, porque "minha mãe e meu pai estão aqui".

Tim, que dirige uma pequena empresa chamada MA Tech Services, que produz espectrômetros de massa, contou que era viciado no Tweeter (@Tim535353). Os irmãos mais novos de Jack, Daniel (@darkside) e Andrew (@andrew), também são tuiteiros de carteirinha. Andrew chegou a incluir em sua página inicial os dizeres, em maiúsculas gritantes: "SÓ QUEM ESTÁ NO TWITTER VALE A PENA".

Até Marcia tuíta. A página @marciadorsey diz: "Mãe de @jack... Será que isso quer dizer que eu sou a avó do Twitter?".

Quando ainda era um moleque, Dorsey ficou fascinado com o iMaps e as cidades incluídas nos mapas. Na adolescência, ele se interessou pelos serviços de gerenciamento de chamadas usados por táxis e outros sistemas de trânsito. Aos 16 anos, Dorsey tentou abriu o próprio serviço de bikeboys, em parte para ter uma desculpa para desenvolver um programa para administrar o negócio... até perceber que St. Louis tinha pouca demanda por mensageiros de bicicleta.

Tendo aprendido sozinho a programar, Dorsey concluiu o ensino médio em 1995 e matriculou-se na Universidade de Ciência e Tecnologia de Missouri — então Universidade de Missouri-Rolla —, mas sua vida universitária foi breve. Ainda fascinado por sistemas informatizados, Dorsey descobriu uma falha de segurança em um site operado por uma empresa nova-iorquina chamada Management Services Dispatch, dirigida por Greg Kidd. Dorsey encontrou o e-mail de Kidd no sistema informatizado da empresa e enviou uma mensagem alertando sobre a falha. Kidd imediatamente ofereceu um emprego a Dorsey e ele não hesitou em trocar Missouri pela Grande Maçã.

Lá, Dorsey matriculou-se na Universidade de Nova York. Hoje ele é um sujeito bem apessoado, não raro vestindo ternos Prada, mas naquela época usava um piercing no nariz e dreadlocks (e ainda ostenta tatuagens com temáticas esportivas debaixo das elegantes indumentárias) e passava o tempo livre no East Village ouvindo bandas punk como a Rancid. Não satisfeitos, Kidd e Dorsey abriram uma nova empresa chamada dNet, que fazia entregas no mesmo dia para compras na internet. A dNet recebeu financiamento inicial do Band of Angels, um grupo venerado composto de mais de cem veteranos do Vale do Silício, mas a empresa nunca chegou a decolar. A ideia era boa, mas chegou uma década antes do tempo. Hoje, a Amazon e o Walmart fazem a mesma coisa.

Depois do fiasco da dNet, Jack voltou a St. Louis, estudou para ser um massagista e acabou se mudando para a Baía de São Francisco, atrás de Kidd. Ele foi morar numa minúscula despensa no quintal da casa de Kidd, no bairro residencial de Rockridge, no distrito de Oakland (Kidd diz que o lugar tinha uns seis metros quadrados, mas tinha luz, banda larga e ficava perto de uma banheira de hidromassagem). Dorsey passava o tempo ajudando a cuidar do bebê de Kidd e fazia bicos escrevendo código de programação para um programa de gerenciamento de chamadas e compra de bilhetes de um serviço de balsa que fazia o trajeto para Alcatraz. O bico levou a um trabalho fixo na startup de podcasting Odeo, criada por um ex-astro da Google chamado Evan Williams.

Apesar de gerar muito buzz, a Odeo nunca fez sucesso. "Eu não tinha qualquer interesse em podcasting, mas queria trabalhar com aquele pessoal", Dorsey contou, referindo-se a Biz Stone e Williams. "A gente não gostava nem usava as coisas que estávamos criando, e nem se beneficiava do desenvolvimento daquelas coisas."

Mas daquela bagunça surgiu algo bom, potencialmente excelente. Dorsey apresentou a ideia de fazer uma plataforma de microblogging e o grupo lhe deu quinze dias para escrever o código. "Peguei outro programador chamado Florian [Weber] e o Biz e em duas semanas a gente tinha terminado", ele lembrou. "Aos poucos a gente foi pegando outros colaboradores da Odeo e com o tempo criamos uma empresa independente." E não era uma empresa qualquer. O Twitter permitiu a Dorsey concentrar-se em uma ideia, e não em uma entidade empresarial, uma abordagem que ele repetiria ao lançar a Square. "Eu sabia que seria um conceito grande, eu sabia que o negócio poderia ir longe, porque era um conceito e a essência de uma tecnologia que eu já usava em outras modalidades, principalmente no gerenciamento de chamadas", ele explicou. "E aí a empresa foi meio que se formando ao redor do conceito."

No começo, ele diz, nunca nem passou pela cabeça dele que o Twitter poderia ser uma empresa. O Twitter se cristalizou para se transformar numa empresa, como uma larva desenvolve um exoesqueleto. "O jeito mais eficiente de espalhar uma ideia hoje em dia é com uma estrutura corporativa. Acho que duzentos anos atrás devia ser diferente. Daqui a cem anos vai ser algo totalmente diferente também", disse ele. "Mas tudo isso é feito a serviço da ideia."

O Twitter se tornou um fenômeno viral na conferência South by Southwest de 2007 e não para de crescer desde então. A empresa levantou mais de US$ 1 bilhão em capital de risco, de gigantes do calibre da Kleiner Perkins, DST Global, Union Square Ventures, Benchmark Capital, entre outros. E sua IPO, em novembro de 2013, viu as ações decolarem e de repente o Twitter estava valendo quase US$ 25 bilhões.

Dorsey, ainda visto mais como um programador do que como gestor, foi promovido para um cargo mais elevado, porém menos desejável, na Twitter em 2008. Assim, manteve seu cargo de presidente do conselho mas se afastou do dia a dia da gestão. Em vez de parar para relaxar ou se satisfazer em ajudar a orientar a Twitter, ele deu imediatamente outro salto. Dorsey lançou a Square em seu apartamento de um dormitório com vista para a antiga Casa da Moeda dos Estados Unidos, em São Francisco, com Jim McKelvey, que o contratara como estagiário de programação nas férias escolares quando Dorsey tinha 15 anos. A ideia de criar uma nova empresa nasceu com um problema prático. McKelvey foi um soprador de vidro e criou o design de uma torneira de US$ 2.500, mas não conseguiu fechar a venda porque não tinha como receber com cartão de crédito.

À Twitter são atribuídos os créditos por ajudar a derrubar ditadores árabes. O plano da Square era desestabilizar o sistema multitrilionário de pagamentos. Originalmente chamado de Squirrel (da expressão *squirrel away*, guardar para usar depois, como fazem os esquilos), a Square decidiu tornar mais fácil para microcomerciantes aceitarem cartões de crédito com um simples periférico de smartphone capaz de passar cartões, por uma taxa de transação de 2,75% (a Square deixa grande parte dessa taxa com as empresas de cartão de crédito). E, dando mais uma guinada, a Square começou a dar aos comerciantes a opção de pagar US$ 275 mensais por operações ilimitadas de até US$ 250 mil por ano.

Dorsey "estudou como o dinheiro poderia ser muito mais funcional", conta Vinod Khosla, um *venture capitalist* que investiu na rodada de Série A da Square. "A PayPal quer responder a uma pergunta diferente. A Square se volta a uma questão mais básica: o que a gente pode fazer pelos usuários de dinheiro?"

A Square não se limita a transações. Dorsey queria ajudar os varejistas a administrar os negócios com mais eficiência dando-lhes dados melhores e aproximando-os dos clientes. Um serviço chamado Square Register transforma um smartphone ou tablet em um sistema de ponto de venda, proporcionando recursos como gestão de estoques, rastreamento de clientes, *business analytics* e outras ferramentas. A próxima inovação, o Square Wallet, permite aos consumidores fazer compras sem precisar passar o cartão. Dá até para pagar sem precisar pegar no celular em algumas lojas, inclusive na Starbucks, usando uma tecnologia de localização que informa à loja que você está lá. O Square Wallet também permitia aos varejistas criar programas de fidelidade.

O mercado potencial era enorme, bem como a concorrência, incluindo a PayPal, empresas de cartão de crédito e, com o tempo, a Apple. E também constituía um enorme desafio empresarial para Dorsey, que ainda tinha responsabilidades na Twitter. Para concretizar seus sonhos para a empresa, Dorsey desenvolveu um organismo corporativo incomum na Square... bem como uma abordagem altamente estruturada para gerenciar seu tempo. "A empresa precisa ter uma cadência semanal", ele explicou. A agenda de Dorsey é mais ou menos assim:

- Segunda: resolver problemas de gestão.
- Terça: engenharia de produto e design.
- Quarta: crescimento, marketing e comunicação.
- Quinta: reuniões com parceiros e desenvolvedores externos.
- Sexta: "empresa e cultura" e recrutamento.
- Sábado: dia de folga (mais especificamente, ele adora sair para caminhadas).
- Domingo: pensamento estratégico e entrevistas com novos candidatos.

Dorsey passou um tempo seguindo rigorosamente essa programação toda semana, tanto na Twitter quanto na Square. Em 2012, ele começou a ir à Twitter dia sim, dia não, principalmente para falar sobre a estratégia.

Como uma disciplina tão militarista pode deixar espaço para a espontaneidade... e a descoberta? "Eu trabalho muito de pé, em mesas altas, e qualquer um pode vir falar comigo quando quiser", Dorsey explicou. "E tenho a chance de ouvir o que as pessoas estão dizendo pela empresa. Passo 90% do meu tempo com pessoas que não reportam diretamente a mim, o que também permite descobertas ao acaso, já que passo muito tempo andando pelo escritório. Ninguém precisa agendar uma descoberta ao acaso. Simplesmente acontece."

Para Dorsey, o melhor exemplo de uma empresa bem sintonizada é a redação de um jornal. Ele trabalhou no jornal da escola no ensino médio e se vê como o editor-chefe da Square, encarregando-se da curadoria de ideias provenientes do pessoal e sugerindo ideias a eles. "Gosto muito desse modelo tanto na Twitter quanto na Square porque as pessoas da empresa que têm mais informações também têm a chance de gerar ideias", disse ele. "Mas esse esquema também permite que os líderes identifiquem tendências e interseções e [aloquem] equipes a essas interseções." Dorsey explica que os colaboradores "podem efetivamente provocar uma mudança radical na orientação da empresa ao apresentar uma boa ideia".

A transparência e a confiança orientam tudo. Dorsey insiste que todo mundo que trabalha para ele deve saber o que a empresa está fazendo e as razões para tal. Com base nisso, ele instituiu uma regra surpreendente na Square: em todas as reuniões envolvendo mais de duas pessoas, alguém precisa tomar notas... e enviá-las à empresa toda.

Não importa o tema da reunião. Pode ser sobre correções de bugs, novas parcerias, contratos pendentes, um novo lançamento, métricas importantes. Todo mundo fica sabendo. Dorsey diz que costuma receber entre trinta e quarenta memorandos de reuniões por dia. Ele os filtra em sua caixa de entrada e os lê no iPhone quando chega em casa à noite.

O mais incrível é que, com um volume tão enorme de informações sensíveis circulando entre os mais de 400 colaboradores da Square, nenhuma vazou na internet. Quando Howard Schultz, o CEO da Starbucks, procurou Dorsey para se informar sobre a possibilidade de usar a Square para processar todas as transações de crédito e débito nas sete mil lojas da empresa, Dorsey anunciou as conversas preliminares em uma reunião com todos os funcionários horas depois. Ninguém tuitou a notícia. "Nunca tivemos nem um único vazamento de informações",

Dorsey anunciou batendo duas vezes na mesa, "desde o primeiro dia da empresa".

Numa sexta-feira na Square, poucos dias depois da aquisição de uma empresa de web design sediada em Nova York chamada 80/20, em outubro de 2013, Dorsey esboçou a pauta para sua reunião semanal com todos os funcionários, batizada de Town Square, às 17h05. "Vamos ter bebidas, vamos ter pizza", ele comentou. "Hoje vamos ter cachorro-quente, porque é uma homenagem a Nova York." O evento começou com a música *Empire State of mind* de Jay-Z. Vinte e quatro novos membros da equipe da 80/20 foram apresentados e a reunião foi concluída com a versão de Sinatra de *New York, New York*. Dorsey também apresentou um resumo do que ele disse aos membros do conselho da Square no começo da semana. "Vamos mostrar à empresa inteira tudo o que apresentamos ao conselho de administração e tudo o que eles disseram."

Será que Dorsey pensa em abrir outra empresa além da Twitter e da Square? "Eu acredito no poder do número três, então teoricamente adoraria uma terceira empresa", ponderou. Tipo...? Bem, ele sempre se interessou pelos setores da educação e da saúde. Ou alguma outra coisa, talvez. "Acho que já faz um tempo desde a última revolução no nosso governo ou nos nossos conceitos sobre a administração pública", ele observou. "Eu adoraria ver a tecnologia ajudando nisso."

CAPÍTULO OITO

DAVID KARP, TUMBLR: UM PROJETO ARTÍSTICO DE US$ 1 BILHÃO

Mesmo entre um grupo de colegas composto de inconformistas digitais de todas as formas e tamanhos (mas nunca mulheres), David Karp se destaca fisicamente. Sob uma cabeleira castanha ao estilo Ringo se vê um varapau de 1,85 metro e 65 quilos, com braços que lembram um louva-a-deus. Para compensar esse aspecto desengonçado, o fundador do Tumblr usa camisas com as mangas arregaçadas para lá dos cotovelos. (Numa sessão de fotos para a capa da *Forbes*, Karp usaria um terno e o nosso diretor de moda, Joseph DeAcetis, acabou tendo de cortar as mangas da camisa dele e as puxar para baixo para os punhos poderem aparecer. Essa história se tornou um fenômeno viral por um ou dois dias quando a *Esquire* a relatou em detalhes.) Esse aspecto adolescente vem acompanhado de muita consideração e doçura. Que não se iluda o leitor: em meio a esses tubarões, Karp é "o artista", sempre hesitante em ganhar dinheiro. No entanto, quando cria algo que as pessoas desejam na presente era, você é automaticamente seguido pelo dinheiro, uma realidade que **Jeff Bercovici** descobriu quando passou um tempo com Karp e o Tumblr ao longo de 2012. Em maio de 2013, a Yahoo tinha engolido a empresa dele inteira, pagando mais de US$ 1 bilhão e dando a Karp, o artista, quase US$ 100 milhões em incentivos adicionais para terminar sua obra-prima.

David Karp estava no meio de um rito de passagem pelo qual todos os jovens magnatas da era social da internet parecem passar: ele estava comprando uma mansão apropriada à sua fortuna. E, como a mansão suntuosa porém *démodé* de US$ 6 milhões de Mark Zuckerberg em Palo Alto e o palácio festivo de US$ 20 milhões de Sean Parker no Greenwich, a escolha de Karp revelou muito sobre ele... e sobre a Tumblr, a plataforma de blogging que ele fundou em 2007. O sobrado de US$ 1,6 milhão e 160 metros quadrados que ele comprou para reformar é bem modesto para um jovem de 28 anos cujo patrimônio líquido excede os US$ 200 milhões. Isso acontece em parte porque a casa fica na capital descolada do mundo, o bairro de Williamsburg, no distrito de Brooklyn, Nova York, onde a ironia fala mais alto que a ostentação. Ele é muito provavelmente a pessoa mais rica do bairro. Mas a característica mais notável era o interior, que continha... praticamente nada. Um quarto espartano com um guarda-roupa meio vazio. Uma sala de estar com nada além de um sofá e uma TV. (Uma concessão à opulência: uma cozinha de classe profissional para sua namorada, Rachel Eakley, uma chef.) "Não tenho livros. Não tenho muitas roupas", Karp deu de ombros. "Eu sempre me espanto quando as pessoas enchem a casa de coisas."

"Ele tem, tipo, três coisas", confirmou Marco Arment, o primeiro e, por um bom tempo, único colaborador de Karp na Tumblr. "Está sempre procurando um jeito de se livrar de alguma coisa." Até a constituição de Karp é frugal ao extremo: seu único terno, embora muito bem alinhado, oscilava como uma bandeira sobrando sobre seu corpo de 1,85 metro quando ele se remexia inquieto, o que faz com frequência. Ele deve ser tão magro porque queima todas as calorias remexendo-se, como um adolescente que ainda não ganhou corpo. "Sempre fui uns 20 quilos abaixo do peso", ele contou.

Para o CEO da Tumblr, o minimalismo não é só uma escolha estética. É a chave para a liberdade. Quando viaja, ele evita planejar mais do que alguns dias adiante, até em suas viagens ao Japão, e só leva uma pequena bagagem de mão. "É a minha fantasia do tipo Jason Bourne ou James Bond. Quero ser perfeitamente livre para ir aonde eu quiser, quando eu quiser", ele explicou. Roelof Botha, partner da Sequoia Capital, empresa de *venture capital* do Vale do Silício, e um dos membros do conselho da Tumblr antes de a empresa ser adquirida pela Yahoo, conta que um dia foi a uma reunião do conselho em Nova York levando apenas "a mais minúscula das mochilas" para a viagem. "David me deu uma olhada e disse: 'Você precisava mesmo disso tudo?'"

A intolerância de Karp em relação a tudo o que ele considera não essencial permeia toda a Tumblr. Quando outros empreendedores olharam para as revoluções gêmeas dos blogs e das redes sociais e viram novas ferramentas de comunicação, Karp viu a oportunidade de transformá-las em ferramentas radicalmente mais fáceis e intuitivas. A Tumblr facilitou a criação de sites bonitos e dinâmicos e ampliou os benefícios na forma de um reforço social positivo.

Se as pessoas vão ao Facebook para ver o que os amigos estão fazendo e vão ao Twitter para saber o que está acontecendo, elas vão ao Tumblr para se expressar em público. Do mesmo modo como essas outras duas redes, o Tumblr é organizado na forma de fluxos de mensagens. Mas é muito mais sensorial e emotivo, um redemoinho de fotos, músicas, piadinhas privadas, desenhos animados e recadinhos virtuais carinhosos. No feed principal do Tumblr, compilado pelos editores, o diário visual de um fotojornalista do Afeganistão pode ser seguido de desenhos impressionistas de Darth Vader feitos por um cartunista, que, por sua vez, podem ser seguidos de uma galeria de hamsters parecidos com o presidente Obama.

Os usuários organizam o caos com a ajuda de um painel, uma interface para encontrar e seguir outros usuários e acompanhar o feedback recebido por suas mensagens. Corações são bons; "reblogs" são melhores, sugerindo que outro usuário gostou tanto do seu post que o compartilhou com os seguidores. As ferramentas para criar esses posts multimídia são simples: sete botões que permitem adicionar texto, fotos, hyperlinks, vídeos, músicas, diálogos ou citações com apenas um clique.

O resultado é um gráfico clássico de crescimento, na forma de um taco de hóquei. Em novembro de 2012, a empresa abriu caminho para chegar à lista dos dez melhores destinos na internet, desbancando o Bing da Microsoft e atraindo cerca de 170 milhões de visitantes à sua galáxia de páginas criadas pelos usuários, de acordo com a empresa de medição Quantcast. Desde então, o número de blogs publicados no site mais do que dobrou para 182 milhões. Os usuários cadastrados criam 100 milhões de novos posts todos os dias e o total acumulado do site se aproxima dos 100 bilhões. A rodada de financiamento final, em setembro de 2011, avaliou a Tumblr em US$ 800 milhões. Quando a empresa tentou levantar uma nova rodada de investimento no segundo trimestre de 2013, a Yahoo entrou em cena com uma oferta de aquisição no valor de pouco mais de US$ 1 bilhão, fazendo que a participação de Karp de cerca de 25% passasse a valer aproximadamente US$ 250 milhões.

Para Karp, a história não acabava ali. Pelo contrário, era apenas o começo. A Yahoo o segurou por quatro anos com um pacote de dinheiro e ações no valor US$ 81 milhões adicionais. Hoje, a Tumblr enfrenta três desafios: provar que é capaz de manter o crescimento, que efetivamente pode ganhar dinheiro e que David Karp, o artista minimalista e gênio criativo por excelência, é o cara certo para conduzir a Tumblr a uma glória duradoura. "A estrada está repleta de empresas mortas que fizeram a coisa errada na hora errada, os MySpaces da vida", disse o analista da Gartner, Brian Blau, pouco antes do acordo com a Yahoo. "Eles precisam tomar muito cuidado."

Karp está com a corda toda. Quando o furacão Sandy inundou centros de dados gigantescos em Nova York, tirando o *Huffington Post*, o *Gawker* e o *BuzzFeed* da internet, os três recorreram ao Tumblr como plataforma de publicação temporária. Hollywood percebeu o movimento e quatro projetos diferentes da TV aberta foram adaptados a partir de blogs do Tumblr. E, como se tudo isso não bastasse, quando a Oxford Dictionaries USA nomeou "GIF" a palavra do ano de 2012, eles deram à Tumblr os créditos por popularizar o termo, um nome técnico para um tipo de arquivo compactado de imagem. "O crescimento que vimos no ano passado simplesmente deixa no chinelo tudo o que veio antes", Karp observou. "Sinceramente, nunca achei que a gente ia chegar tão longe."

E, em alguns aspectos, ele nunca teve esperança de chegar tão longe. A Tumblr está crescendo e, como qualquer pessoa que tem um bebê para criar ou uma hipoteca para pagar diria, isso implica algumas complicações dispendiosas. "A pressão sobre as empresas de mídia na internet para gerar receitas está ficando muito, muito intensa", explicou Nick Denton, proprietário da Gawker Media. Karp, que antes desdenhava da publicidade, finalmente permitiu anúncios no Tumblr em 2012 e terminou o ano com contratos publicitários de US$ 13 milhões, de acordo com a empresa de pesquisas PrivCo. Em 2013, a empresa esperava dar um salto para US$ 100 milhões em receitas, o que acabou não acontecendo. De acordo com a Yahoo, as vendas ainda "não são significativas" o suficiente para valer a pena reportar.

A aquisição alivia um pouco da pressão imediata de gerar lucros, mas a paciência da Yahoo não será infinita. Os investidores esperam que a CEO Marissa Mayer retome o crescimento da receita da empresa, e ela deixou claro que o Tumblr, sob o comando de Karp, tem um lugar de destaque nos planos para reforçar a receita.

Quando entrou no caminho que o levou à Tumblr, Karp não passava de mais um adolescente obcecado pela tecnologia, inteligente demais até para sua escola pública de elite, a Bronx Science, em Nova York. A mãe de Karp, professora de uma escola do bairro chique do Upper West Side em Manhattan, e o pai, um músico, sabiam que o filho, o mais velho de dois meninos, precisava de um leque maior de opções. A mãe procurou Fred Seibert, um amigo da família cujos filhos estudavam com ela. Um executivo de longa data da MTV Networks e da Hanna-Barbera, Seibert tinha a própria empresa de produção de animação. "A mãe de David disse: 'Fred, a sua empresa tem computadores, não tem?'", Seibert lembrou. "'O meu filho mais velho tem 14 anos e adora mexer no computador. Será que ele não poderia dar uma passada lá para fazer uma visita?'"

"Eu fiquei apavorado", Karp contou sobre aquele primeiro encontro. Mas o fascínio pelo trabalho dos engenheiros venceu o medo e as visitas viraram rotina até que, Seibert lembra, "um dia ele disse: 'Agora posso vir todo dia. Vou estudar em casa'". Depois de analisar exaustivamente estatísticas de admissão em faculdades, ele decidiu estudar em casa porque isso aumentaria suas chances de entrar no MIT, que, por sua vez, ele decidiu que era a melhor plataforma de lançamento para engenheiros da computação. Ele também começou a estudar japonês na Japan Society e matemática com um professor particular, com quem ele trabalhava desenvolvendo programas para ganhar em jogos de vinte-e-um e pôquer.

Mas o MIT não estava no destino dele. Enquanto seus colegas elaboravam redações para se inscrever na faculdade, Karp trabalhava como gerente de produto no site de parenting UrbanBaby. Depois que a CNET adquiriu o site em 2006, Karp usou os proventos da venda de suas ações para abrir a própria microempresa de desenvolvimento voltada a jobs sob encomenda, a Davidville, onde ele também criava os próprios produtos. Apesar de ter criado uma plataforma de blogging multiusuário para a empresa de Seibert, ele não estava satisfeito com sua criação. "Um dia ele chegou e disse: 'Esta coisa de blogging é muito difícil. Não é muito difícil?'", lembra Seibert, que não fazia ideia do que Karp estava falando. Sabendo que não teria condições de lidar com a situação sozinho, Seibert procurou um de seus investidores, Bijan Sabet, da Spark Capital.

"Fred me ligou e disse: 'Ei, você tem de passar mais tempo com o David. Ele é um rapaz muito talentoso'", lembrou Sabet. Eles se encontraram e Karp lhe mostrou uma aplicação da internet que ele tinha inventado para simplificar enormemente a criação e o compartilhamento de todo tipo de conteúdo digital, como texto, fotos, vídeos e hyperlinks. Era o Tumblr. "Eu fiquei pasmo", conta Sabet. "Nunca tinha visto um design tão bonito."

Mas foi difícil convencer Karp a transformar a ideia em um negócio. Ele "não queria ser conhecido como um cara de negócios. David não conseguia imaginar o Tumblr como qualquer coisa além de uma ferramenta para melhorar a própria vida", disse Seibert. "Ele sempre foi um apaixonado, mas não tinha qualquer paixão pelos negócios."

"Eu basicamente passei o verão de 2007 tentando convencê-lo a abrir uma empresa para desenvolver a ideia", acrescentou Sabet. "Ele se esquivava dizendo coisas como: 'Ah, mas estou bem com a minha consultoria'. Mas ele também se intrigava com as startups." Quando Sabet apresentou a Karp a primeira proposta para um investimento de *venture capital*, Karp empacou, dizendo que era "dinheiro demais e pressão demais". Mas, quando a proposta de investimento foi reduzida para US$ 750 mil a uma avaliação de US$ 3 milhões, liderada pela Spark e a Union Square Ventures, famosa por respeitar os fundadores das startups, Karp se deixou convencer.

Ou pelo menos em parte, já que ele ainda tinha de ser dissuadido de sua relutância inicial em várias frentes. À medida que o Tumblr crescia para se transformar de um embrião a um leviatã, ele teve de aprender a subordinar os próprios impulsos e inclinações aos de Seibert, Sabet e seus outros investidores, que chama coletivamente de "meus mentores" e sobre os quais só fala nos termos mais elogiosos, mesmo quando discorda deles.

Um foco de divergência foi sobre o tamanho ideal para a Tumblr. No primeiro ano, ela era uma operação a quatro mãos, composta apenas de Karp e Arment, que Karp recrutara num anúncio da Craigslist. Em abril de 2008, eles contrataram Marc LaFountain para se encarregar do suporte aos usuários, mas LaFountain morava na Virginia e assumiu o cargo mais de um ano antes de conhecer os outros dois pessoalmente. "Então, mesmo tendo um colaborador, não parecia que era o caso", Arment descreveu.

Mais ou menos nessa época Karp disse a Sabet que estava dando uma olhada nas estruturas organizacionais de outras empresas de mídia digital, desde a Craigslist, que tinha 26 funcionários, até a MySpace e o Facebook, que empregavam aproximadamente mil funcionários cada. "E ele arremata: 'Daria para continuar com quatro pessoas para o resto da vida', e ele acreditava mesmo nisso", conta Sabet.

Mas a realidade não perdoa ninguém. À medida que a base de usuários do Tumblr decolava para números de seis e sete dígitos, o site enfrentava cada vez mais problemas de estabilidade. Correções e melhorias de produtos ficavam presos em um gargalo. "A gente não estava dando conta", disse Arment.

"Eu às vezes me achava esperto demais", Karp reconheceu. "A verdade é que eu não tive visão para montar antes uma equipe de engenharia maior e isso nos custou meses cruciais. Hoje somos tão mais produtivos porque agora temos pessoas que já passaram por isso antes."

O problema, contudo, é que, quanto mais a Tumblr cresce, mais tempo Karp passa em tarefas que não se beneficiam de seus pontos fortes: bater papo com clientes, deslumbrar analistas, navegar pela politicagem da Yahoo, apavorar os funcionários para fazê-los produzir mais... são tarefas com as quais Karp, naturalmente reservado, não se sente à vontade. "A gente nunca o viu com raiva", disse Rick Webb, que ajudou a administrar uma agência de marketing digital, a Barbarian Group, antes de entrar na Tumblr como "consultor de receita".

Durante anos, a maioria das funções do lado dos negócios ficou a cargo de John Maloney, que Karp contratou como o primeiro presidente da Tumblr depois de trabalhar para ele na UrbanBaby. No entanto, à medida que a empresa foi contratando executivos para se encarregar dessas áreas, Maloney disse a Karp que queria sair. "Não foi uma decisão motivada por fatores políticos", disse Maloney. "Chegou um ponto em que tinha gente demais na sala. Eu queria partir para fazer alguma coisa que seria minha." Maloney saiu da Tumblr em 2012 e Karp assumiu a equipe dele.

Hoje em dia, o que não deixa Karp dormir à noite não é um código bugado, mas "questões de equipe. Estou sendo um bom líder para esses caras? Estou dando tudo o que eles merecem e criando um ambiente colaborativo e positivo? Quando parece que tem alguma coisa meio errada, só consigo pensar nisso enquanto não resolver o problema".

Com a saída de Maloney, os insiders discutiram a possibilidade de contratar uma versão melhorada dele, à la Sheryl Sandberg, do Facebook — um supervisor adulto que deixaria Karp livre para se concentrar na estratégia de produtos e na visão. "David tem talento de sobra e, se precisasse gerenciar, ele daria conta do recado, mas não era o que mais gostava de fazer, então para que colocar o sujeito nessa posição?", perguntou Botha, da Sequoia.

O conselho de administração ainda estava entrevistando candidatos potenciais quando o acordo com a Yahoo eliminou a necessidade da contratação. Botha arrematou: "A Tumblr não seria a Tumblr sem David. Ele precisa ser incluído no negócio principal se quisermos um sucesso espetacular".

Para a Tumblr — e para a Yahoo, que apostou US$ 1 bilhão em Karp —, o "sucesso espetacular" se resume a uma única métrica: lucros. Em 2009, portanto, num passado não muito distante, ainda estava na moda duvidar que a publicidade ou o comércio seria capaz de prosperar nas plataformas sociais ou questionar se os usuários se rebelariam contra as invasões em suas conversas privadas e com a segmentação comportamental sinistra promovida pelos marqueteiros.

Apesar de todas as suas bem documentadas dores de crescimento, o Facebook comprovou mais de uma vez a eficácia das plataformas sociais no quesito "geração de receitas" quando a empresa saiu do vermelho pela primeira vez em 2009 e, mais recentemente, quando revelou que suas ações publicitárias na plataforma móvel já respondiam por mais da metade de sua receita anual de US$ 8 bilhões. A Twitter, embora menor, está numa trajetória similar, com uma receita publicitária de US$ 665 milhões em 2013.

A Tumblr, de acordo com Sabet, está "onde a Twitter estava dois ou três anos atrás". Agora a empresa precisa evoluir para se transformar numa máquina de vendas, o que claramente não é o ponto forte de Karp. Apesar de não ser mais um adolescente incapaz de desgrudar os olhos do chão, ele ainda é tímido e introvertido demais para assumir o papel do empresário que esmurra mesas e dá tapinhas complacentes nas costas dos outros. Isso explica por que a Tumblr, antes do acordo com a Yahoo, foi atrás de Lee Brown, da Groupon, um veterano de dez anos da Yahoo, para encabeçar as vendas liderando uma equipe de uma dúzia de vendedores, focado em atrair patrocinadores como a AT&T, a GE e a American Apparel. Em fevereiro de 2014, a Yahoo anunciou que os posts patrocinados do Tumblr passariam a ser o foco da estratégia de publicidade nativa da controladora em todas as suas propriedades (sendo que "nativo" é o jargão do setor para se referir a mensagens de marketing integradas e não intrusivas).

Antes de Karp abrir mão de sua proibição aos anúncios, a única monetização concreta da Tumblr provinha de outras pessoas. Mais de cem escritores alavancaram seus blogs no Tumblr para transformá-los em livros e vários fecharam acordos na TV, inclusive Lauren Bachelis, cujo *Hollywood assistants* foi adaptado pela CBS, e Emma Koenig, cujo *F—k! I'm in my twenties* entrou em produção pela NBC. (Nenhum dos projetos chegou a ir o ar.) O comércio no Tumblr girava em grande parte em torno da criação e do licenciamento de "temas" de design para usuários que queriam dar um "up" em suas páginas. "Para as pessoas que estão criando esses temas, é um negócio incrivelmente lucrativo", disse Chris Mohney, que foi editor-chefe do Storyboard, um departamento experimental de notícias da Tumblr que acabou sendo fechado em 2013. Mas não é tão lucrativo para a Tumblr, cuja parcela das vendas totalizou menos de US$ 5 milhões por ano, de acordo com a empresa de pesquisa PrivCo.

Mas, se as primeiras tentativas de ganhar dinheiro da Tumblr foram modestas, suas ambições eram descomunais. Karp propõe reinventar completamente a publicidade na internet e fazer isso ao mesmo tempo que evita o caminho aberto pela Google, pelo Facebook e pela Twitter.

Em sua crítica às ofertas dessas empresas, Karp, normalmente educado até demais, não se contém. Ele as despreza, chamando-as de "super-hiper-segmentação de pequenos links azuis". Em 2010 ganhou manchetes ao declarar em público que a publicidade na web "revira o nosso estômago" e que esses estratagemas jamais seriam adotados na rede da Tumblr, um comentário que os investidores nervosos de Karp insistem para que ele explique, agora que representantes de vendas da divisão começaram a marcar reuniões com agências de publicidade.

Segundo Karp, o que ele quis dizer foi algo como: aqueles "pequenos links azuis" até que são eficazes, mas de um jeito muito limitado, na extremidade estreita do chamado funil de compras. "O lance é pegar você bem na hora em que está pronto para comprar", Karp explicou. O Google, o Facebook e o Twitter podem usar uma combinação de segmentação comportamental e têm relevância social para fazer isso com muito sucesso, mas acabam afetando pouco as atitudes e as emoções dos consumidores. Esse é o trabalho da chamada "publicidade da marca".

Agora, apesar da grande migração de tempo e dinheiro à internet, praticamente todas as mensagens de branding continuam sendo transmitidas nos meios de comunicação tradicionais, especialmente na TV. "O branding tem US$ 50 bilhões para reforçar a marca, mas ninguém de fato está na web", acrescentou Webb, o "cara das receitas" da Tumblr.

Os sujeitos que têm esses US$ 50 bilhões para gastar, segundo Karp, aguardam formatos de publicidade digital cuja arte e expressão são capazes de forjar um vínculo emocional com os consumidores, o tipo de vínculo emocional romanceado em *Mad men* e celebrado em comerciais nos intervalos do Super Bowl, capaz de fazer as pessoas rirem, chorarem ou largarem tudo o que estão fazendo para ligar para a mãe.

As mesmas ferramentas que fazem do Tumblr um veículo de comunicação preferido dos tipos criativos também fazem da plataforma a tela em branco definitiva para os marqueteiros. As marcas não pagam pela capacidade de criar conteúdo — isso é grátis para quem quiser —, mas sim pela capacidade de promover esse conteúdo na forma de posts patrocinados na web ou em smartphones. As empresas também podem pagar para ter as marcas promovidas no Spotlight (sendo incluídas em uma sugestão de contas para seguir) ou no Radar (seleções do editor). Juntos, esses dois espaços geram mais de 120 milhões de anúncios exibidos (chamados no jargão da publicidade de "impressões") por dia. A maioria vai para o conteúdo organicamente popular, mas entre 5% e 20% são disponibilizados para promoção paga. As taxas são relativamente altas: o custo por mil impressões (CPM) varia de US$ 4 a US$ 7, resvalando no extremo premium do mercado de anúncios digitais. (Os CPMs do Facebook variam de US$ 0,30 para pequenos banners genéricos até quase US$ 10 para certos tipos de anúncios sociais exibidos em dispositivos móveis.)

A agência publicitária Droga5 usou o Tumblr para promover o lançamento da iD, uma nova marca de chicletes da Kraft direcionada aos jovens. Um dos conteúdos criado para a campanha, um GIF animado de um dinossauro, foi promovido pelo Radar e teve mais de 40 mil interações, de acordo com Chet Gulland, o diretor de estratégia digital da agência. Cerca da metade foi de "reblogs", o que significa que os usuários basicamente repostaram os anúncios na própria página pessoal e os compartilharam com os amigos. "Foi muito empolgante ter uma plataforma como essa, que nos possibilitasse atingir um público enorme composto exatamente das pessoas certas e ver que esse público parece tão disposto a se engajar", ele observou.

A campanha do iD também rodou no Facebook, que, como o Tumblr, cobra para promover conteúdo. No entanto, mudanças recentes no algoritmo que governa o comportamento do feed principal de notícias do Facebook dificultaram que as marcas tivessem visibilidade de seu conteúdo sem pagar por promoção adicional. Não faltou quem comparasse a mudança a extorsão. Em um blog, furioso com as mudanças, Mark Cuban, proprietário do time de basquete Dallas Mavericks, mencionou o Tumblr como uma plataforma que as marcas deveriam considerar uma alternativa às táticas linha-dura do Facebook. "David tem feito um excelente trabalho popularizando o Tumblr entre o público mais jovem, a ponto de muitos usuários estarem trocando o Facebook pelo Tumblr como um destino diário na internet", Cuban explicou. (Os dois se conhecem.)

Outra diferença fundamental é a privacidade. Enquanto o Facebook explora os dados dos usuários para direcionar anúncios específicos a eles, o Tumblr é menos invasivo. "Não queremos cair nesse mundo insano e aterrorizante da invasão de privacidade no qual o Facebook se enfiou", disse Webb. "Esse é um grande limite para nós, um limite que a gente jamais cruzaria."

Um limite meio nebuloso, digamos: após a fusão com a Yahoo e depois de ganhar acesso à tecnologia de veiculação de anúncios (*ad serving*) do Yahoo, o Tumblr começou a utilizar a localização e o gênero dos usuários para direcionar posts patrocinados. Mas, mesmo se o Tumblr atingir o nível de feitiçaria em segmentação comportamental que o Facebook, é questionável se um dia chegará perto do público do Facebook, quanto mais de sua receita. Enquanto a empresa de Mark Zuckerberg tem o objetivo de "tornar o mundo mais aberto e conectado", o lema da Tumblr convida os usuários: "Siga os criadores do mundo". Voltar-se aos artistas deu à Tumblr uma identidade e um mercado pronto mas, em longo prazo, esse mercado é composto de centenas de milhões, e não bilhões, de usuários. Nem todo mundo pode precisar de um Tumblr. "Eu meio que me pergunto como eles vão fazer a transição de onde estão hoje para onde precisam ir", comentou Blau, da Gartner. "A Tumblr precisa mudar a percepção de que ela só serve para o público criativo."

O maior desafio da Tumblr daqui para a frente é o mesmo que toda rede social de sucesso enfrenta: até que ponto a rede é capaz de adaptar-se a um público que está migrando rapidamente de laptops e desktops a tablets e smartphones... e como aprender a ganhar dinheiro com isso. Embora o design minimalista e a navegação intuitiva do Tumblr deixe a plataforma em melhores condições de fazer a transição, eles ainda estão em um momento crítico. "Esta empresa nasceu na web", explicou Sabet. "Não foi uma empresa que já começou nos dispositivos móveis."

Apps de smartphones com baixas classificações, originalmente terceirizados, foram refeitos na própria empresa e agora recebem classificações muito melhores dos usuários. Embora a Tumblr ainda não soubesse direito como algumas funcionalidades populares, como um bookmarklet de navegador que simplifica o compartilhamento de páginas da web, se traduzem para o universo dos apps, o tempo que os usuários passam no aplicativo móvel está crescendo três vezes mais rápido do que na web.

Karp costuma aprender esse tipo de coisa com muita rapidez. Além disso, seus mentores não têm medo de lhe dar uma boa reprimenda quando consideram necessário. "Com tudo o que aprendi sobre como ser um CEO, eu errei muito menos", ele comentou, graças "a um sistema de apoio que eu sabia que ia me agarrar pelo colarinho e dizer: 'David, cuidado com isso ou aquilo'".

Hoje em dia, quando Karp sente o comichão para consertar alguma coisa, em vez de mergulhar na programação, ele arregaça as mangas e trabalha numa de suas três motos. Apesar de esse número de motos aparentemente ser uma violação de sua regra contra acumular coisas, ele gosta da simplicidade das motos em comparação com os carros. Nos dias de hoje, quase ninguém consegue consertar o próprio meio de transporte, mas, no caso das motos, segundo ele, "fica tudo para fora. Se você quiser trabalhar em qualquer peça, é só arrancar fora e botar a mão na massa". Além disso, numa moto, é só ele ao volante, sem ninguém ao lado dando palpite.

CAPÍTULO NOVE

NICK WOODMAN, GOPRO: A CAMINHO DE SER UM TRILIONÁRIO

É difícil ter inveja de Sean Parker, Drew Houston e outros hackers prodigiosos que se dedicaram aos computadores como Mozart se dedicou ao piano. Mas aí entra em cena Nicholas Woodman, o surfista que decidiu que precisava dar um jeito de tirar selfies surfando com uma câmera descartável. Hoje ele é um bilionário... e nem chegou aos 40. O fundador da GoPro também nos ajuda a lembrar de duas coisas: em primeiro lugar, que a tecnologia facilitou tudo e colocou o poder nas mãos das pessoas comuns. Uma ideia que só a Eastman Kodak teria como concretizar uma geração atrás — presumindo, é claro, que a mentalidade corporativa fosse capaz de ter essa ideia — hoje pode ser executada por uma criança usando o kit de costura da mãe e o número de telefone de um fabricante chinês qualquer. (Uma dose cavalar de mídia social também não faz mal a ninguém.) Em segundo lugar, a determinação é tão importante quanto o cérebro. Woodman estava tão decidido a fazer a GoPro funcionar que se alimentou via intravenosa e urinou pela janela para não perder tempo indo à cozinha e ao banheiro. **Ryan Mac** teve a chance de ver em primeira mão a determinação desse jovem em 2013, passando pelas encostas de Montana, pelas ondas gigantescas da praia de Mavericks, no norte da Califórnia, e pelos céus da região californiana dos vinhos.

Nick Woodman fez 39 anos em 2014. Seus cabelos marrom-escuros sempre despenteados e o sorrisinho travesso eternamente estampado no rosto faziam que parecesse ter só 29. E ele se comporta como se tivesse 19, como descobri a 30 mil pés acima das Montanhas Rochosas, depois que Woodman embarcou comigo, a mulher, Jill, e uma dúzia de seus colegas preferidos em um Gulfstream III fretado a caminho do Yellowstone Club, em Montana, a colina de esqui mais exclusiva dos Estados Unidos.

Woodman já chegou cheio de Red Bull na cabeça, batizado com um litro de água de coco, e andava agitado de um lado a outro pela cabine, volta e meia interrompendo a conversa para soltar seu grito empolgado característico que os amigos comparam a uma buzina de neblina. "IIIIIIIIIAAAAAAAAAU!" Uma comissária de bordo apareceu com o café da manhã numa bandeja de prata. "Sabem qual é o melhor destas viagens de ski matinais?", ele perguntou retoricamente para os presentes. "McDonald's!" Dito isso, devorou um McGriddle — um sanduíche de café da manhã com bacon, ovos e queijo e panquecas no lugar dos pães — em três bocadas. Esse comportamento adolescente não era só cena... mas a receita de como se tornou um dos bilionários mais jovens dos Estados Unidos. Uma década atrás, Woodman ansiava por uma câmera que ele pudesse amarrar no pulso para poder mostrar aos amigos suas façanhas na prancha de surfe. O resultado é a GoPro, a empresa de câmeras digitais de mais rápido crescimento da América.

Basta ir a qualquer destino de esportes de aventura, como as estações de esqui nas montanhas de Vail ou no paraíso do mergulho subaquático em Hanauma Bay, Honolulu, para ver umas vinte GoPros. Hoje em dia, os jovens não filmam suas traquinagens na prancha de surfe ou truques no skate. Eles usam a GoPro, prendendo câmeras de US$ 200 a US$ 400 em capacetes, guidões e pranchas de surfe. As imagens panorâmicas e qualidade de cinema resultantes de uma câmera GoPro transformam meros mortais em protagonistas de clipes fantásticos sem precisar desembolsar um orçamento milionário. O snowboarder e skatista profissional Shaun White, que conta que costumava prender câmeras antigas nas mãos com fita adesiva, usou GoPros em suas competições nos Jogos Olímpicos de Inverno de 2014. Diretores de Hollywood, inclusive Michael Bay, têm caixas e mais caixas de GoPros no set de filmagem. A NFL testou as câmeras instaladas em torres na zona final dos campos de futebol americano para registrar replays de touchdown. Os Rolling Stones as usaram no palco. Policiais e militares dos Estados Unidos começaram a incorporar as câmeras em exercícios de treinamento. Woodman, que a chama de uma câmera da "vida", comprovou seu argumento usando uma delas no peito durante o parto de seus dois filhos no hospital. No avião para Montana, o pessoal da GoPro instalou os dispositivos em todos os cantos da cabine, inclusive na cabeça dos pilotos, para documentar a jornada. Até 2013, as vendas da GoPro dobraram todos os anos desde o lançamento da primeira câmera em 2004, e hoje ela responde por cerca de 45% de todas as vendas de filmadoras digitais nos Estados Unidos. Em 2013, a empresa vendeu 3,8 milhões de câmeras e arrecadou um lucro bruto de US$ 1 bilhão. Esses números impressionantes foram lenha na fogueira da IPO da empresa em junho 2014, que levantou US$ 430 milhões.

Mesmo antes disso, Woodman já tinha feito seu pé-de-meia. A fabricante chinesa de eletrônicos Hon Hai Precision Co., mais conhecida como Foxconn, que fabrica zilhões de iPhones, tinha investido US$ 200 milhões na GoPro em dezembro de 2012. Isso colocou o valor da empresa de San Mateo, Califórnia, em US$ 2,25 bilhões e levou Woodman a decolar na lista da *Forbes* dos Bilionários do Mundo. Na sequência da IPO da GoPro, ele continuava detendo pouco menos de 50% de participação da empresa. Seu patrimônio líquido hoje paira em torno dos US$ 2,5 bilhões.

É uma sequência de eventos alucinante para um Peter Pan, que nem chegou aos 40, no comando de uma empresa bilionária do setor da tecnologia. Ao vê-lo esquiando descontraidamente pela neve recém-afofada de Yellowstone, com seu capacete verde-ervilha, dava para ver que Woodman estava no céu. "IIIIIIIIAAAAAAAAU!", ele uivava pelos lábios ensanguentados e rachados pelo frio enquanto registrava cada manobra com sua GoPro.

O caçula de quatro filhos, Woodman sempre foi uma fábrica de ideias. Criado no próspero distrito de Atherton, no Vale do Silício (seu pai intermediou a compra da Taco Bell pela Pepsi), ele foi, de acordo com os professores da época, um menino "extremamente confiante" que não tinha medo de questionar os adultos. "Levava sempre um sorriso estampado no rosto, um sorriso rasgado ou um sorrisinho maroto", conta Craig Schoof, que foi treinador de beisebol e professor de história de Woodman. "Tinha o sorriso do tipo 'É, estou feliz' e o sorriso 'É, estou feliz e tramando alguma coisa'". Numa ocasião ele apostou US$ 5 com um professor de biologia que conseguiria correr um quilômetro e meio em seis minutos (ele correu em cinco minutos e quarenta segundos).

Woodman se concentrava mais nos esportes do que nos livros, mantendo uma média B+ e tirando uma nota mediana no SAT, o exame para entrar na faculdade. Foi estudar na Universidade da Califórnia, em San Diego, e ficou obcecado pelo surfe devido à proximidade com o sol e a água salgada. "Lembro que os meus pais não gostaram nada da ideia", ele conta. "Mas se eu não seguisse a minha paixão pelo surfe... Eu nunca teria tido a ideia de fazer uma câmera de pulso."

Teve a ideia alguns anos após se formar, depois que o serviço de jogos on-line que fundou, o Funbug, morreu na praia no crash das pontocoms de 2000–2001, transformando em pó US$ 3,9 milhões dos investidores. "Eu nunca tinha bombado em nada antes, fora o curso de ciência da computação", ele comentou. "Então foi meio que um: 'Puta merda, pode ser que eu não seja capaz de fazer isso'."

Para se recuperar, Woodman saiu em uma odisseia de surfe pela Austrália e Indonésia, numa última grande jornada antes do que, na opinião dele, se transformaria numa vidinha cômoda e monótona de classe média. Ele apareceu com um dispositivo que fez com o leash de uma prancha de surfe e tiras de borracha que permitiam prender uma câmera descartável da Kodak ao pulso e manuseá-la com facilidade quando chegava uma onda perfeita. Brad Schmidt, um bom amigo e atual diretor criativo da GoPro, conheceu Woodman na Indonésia e foi um dos primeiros a brincar com a alça. Um de seus primeiros comentários foi que Woodman precisava de uma câmera bem resistente para suportar os estragos causados pelo mar. Depois de cinco meses na persona de "vagabundo do surfe", Woodman, com as baterias recarregadas, voltou à Califórnia com a semente de uma ideia.

Então com 27 anos, ele se enfiou na casa onde morava com amigos na região de Moss Beach, na Califórnia, praticamente do lado do Vale do Silício. Desligou-se de sua vida normal, incluindo amigos e familiares, e trancou-se em seu quarto à beira-mar para construir os primeiros protótipos. Tendo decidido que precisaria vender a correia, a câmera e o case, ele se muniu de uma furadeira e a máquina de costura da mãe e encheu uma garrafa CamelBak metade com Gatorade e metade com água (para não ter de fazer a caminhada de 32 segundos até a cozinha) para aguentar sessões de trabalho de dezoito horas por dia. "Meu quarto tinha uma porta que dava para fora e eu podia sair para mijar nos arbustos", lembrou Woodman. Ele se deu o prazo de quatro anos para fazer a ideia funcionar antes de abandonar o projeto e entrar no mercado de trabalho. "Eu tinha tanto medo de cair de cara de novo que fiz de tudo para a coisa dar certo."

"Ele saiu dizendo 'acho que vou abrir uma empresa de correias de pulso para surfistas'", contou Schmidt, que não levou muita fé na ideia. Woodman conta: "Eu pensei: 'Se eu conseguir ganhar uns cem mil por ano, já seria, tipo, o céu'".

Entre costurar tiras de uma roupa de surfe velha e furar pedaços de plástico, Woodman vivia na internet e em feiras comerciais fuçando em busca de uma câmera que pudesse modificar e licenciar em seu nome. Escolheu um modelo de 35 milímetros e US$ 3,05 feito na China, enviando seus cases de plástico e US$ 5 mil às escuras para uma entidade desconhecida chamada Hotax, rezando para não ser um golpe. Woodman recebeu modelos e renderizações 3D alguns meses depois e vendeu seu primeiro produto em setembro de 2004, numa feira comercial de esportes de aventura em San Diego.

Aquela foi a primeira validação para Woodman, cujos amigos já estavam começando a achar que o ex-colega de surfe tinha passado tempo demais prendendo a respiração debaixo d'água. Neil Dana, seu colega de quarto e primeiro funcionário, lembra de um sujeito workaholic e obcecado pelo sucesso. "Nas festas", lembra Dana, "ele subia para o quarto e mostrava: 'Cara, dá uma olhada nisso. A gente vai ficar milionário com isso!'". Woodman só errou na conta em três zeros.

A GoPro teve uma receita bruta de US$ 350 mil em seu primeiro ano completo de vendas. Woodman era um verdadeiro pau-para-toda-obra: engenheiro de produto, diretor de P&D, vendedor e modelo para as fotos da embalagem do produto. Ele e Dana ligaram para lojas de surfe por todo o país na esperança de tirar alguns produtos da casa do pai de Woodman em Sausalito, na região da Baía de São Francisco, e colocá-los no mercado. Em 2005, ele apareceu três vezes no QVC, um canal de compras na TV, e conheceu Sara Blakely, fundadora da Spanx e outra futura bilionária, quando ela também estava construindo sua empresa. ("Se ela se lembrar de mim, vou ficar de queixo caído", Woodman comentou. "Mas eu adoraria mandar um aperto de mão digital para ela, pelo enorme sucesso que teve.")

Woodman evitou o *venture capital* na fase de crescimento de sua empresa devido à sua experiência na Funbug e ao desejo de trabalhar sem a interferência dos executivos engravatados. Dana explicou: "Ele queria manter o capital fechado pelo maior tempo possível para fazer todos os testes de produto e outras coisas que achasse necessário sem precisar reportar a um conselho de administração". Woodman pôs US$ 30 mil do próprio bolso, mais US$ 35 mil da mãe e dois investimentos de US$ 100 mil do pai. A empresa teve lucros daquele ponto em diante e, no fim de 2013, já alardeava margens brutas de cerca de 37%. Foi só em maio de 2011 que a GoPro aceitou um investimento de US$ 88 milhões de cinco empresas de *venture capital*, inclusive a Riverwood Capital, liderada por Michael Marks, ex-CEO da Flextronics, e a Steamboat Ventures, o braço de investimentos de *venture capital* da Disney, o que permitiu que ele, sua família e alguns dos primeiros executivos embolsassem um bom dinheiro.

É por isso que Woodman agora pode voar de G-III, em comparação com a época que passou dormindo em sua Kombi 1971 ou dirigindo pequenos caminhões alugados para montar estandes em feiras e expor acessórios que depois tinha de devolver à Home Depot. Naquela época ele era um fanático por feiras comerciais e foi lá que aprendeu a bajular executivos e vender sua paixão nos centros de conferência de San Diego a Salt Lake City. Sua grande chance veio quando conseguiu colocar seus produtos na REI, a varejista de equipamentos para atividades ao ar livre, como camping, caça, pesca, escalada, surfe, entre outros. Woodman passou meses enviando e-mails aos executivos e relatórios de progresso antes de a gigante dos esportes ao ar livre sucumbir, dando à empresa (que continua sendo tecnicamente chamada de Woodman Labs) uma enorme dose de credibilidade.

Em 2007, com receitas abaixo dos US$ 5 milhões, Woodman começou a perder a confiança. O fundador da GoPro, preocupado com a possibilidade de ser "incapaz de levar a empresa adiante", concordou em entregar o controle majoritário a um grupo de investidores externos. E foi o que teria acontecido se não fosse a crise financeira de 2008. Os investidores queriam reduzir a valorização, e Woodman, com o orgulho ferido e com a determinação reforçada, se recusou. "A gente estava em alta, só crescendo, e a economia nem chegou a afetar a GoPro", ele disse. A empresa acabou excedendo a marca dos US$ 8 milhões em vendas naquele ano e manteve seu crescimento orgânico. O próximo momento decisivo foi em 2010, quando a Best Buy começou a vender produtos da GoPro. A pequena ideia de Woodman tinha se popularizado.

Pouco mais de 72 horas depois daquela viagem para esquiar, um punhado de pessoas da equipe da GoPro e eu estávamos a um quilômetro da costa da cidadezinha de Half Moon Bay, na Califórnia, numa embarcação normalmente reservada aos SEALs, a famosa força de operações especiais da Marinha dos Estados Unidos. A uns 200 metros dali, os melhores surfistas enfrentavam as maiores ondas do mundo na célebre praia de Mavericks munidos apenas de longboards, muita confiança e, sim, GoPros.

Da nossa embarcação, vimos ondas de mais de dez metros quebrarem ruidosamente, misturando borrifos de ondas do mar com fumaça de óleo diesel. Woodman tinha testado os primeiros protótipos da GoPro perto dessas mesmas águas geladas. Agora, as câmeras estavam por toda parte, penduradas na boca dos surfistas, empunhadas por espectadores e amarradas ao capacete de salva-vidas que cortavam a água com jet skis. "Vamos filmar com a GoPro o barco da GoPro!", gritou uma espectadora, apontando sua câmera cinza para a nossa embarcação. Algumas horas depois, vídeos do nosso barco e dos surfistas do dia já estavam no YouTube.

A recepção calorosa da mídia social explica como a GoPro passou de um produto de nicho a um blockbuster. Nas mãos dos atletas certos, os vídeos filmados com uma câmera de ação em primeira pessoa (chamado de *point of view*) acabaram se transformando num fenômeno viral. Para os guerreiros de fim de semana, é o jeito mais fácil de garantir seus três minutos de fama.

Woodman não tem uma conta pessoal no Twitter e está inativo no Facebook, mas gasta milhões de dólares por ano para incluir um hashtag da GoPro naquele clipe eletrizante de Shaun White, patrocinado pela empresa, fazendo um 1080 no skate, ou de Felix Baumgartner mergulhando em direção ao solo das maiores alturas da atmosfera terrestre (Baumgartner usou cinco GoPros em seu salto recordista). "Estamos criando uma das marcas de consumo mais envolventes e empolgantes do mundo, em grande parte devido ao conteúdo que os nossos clientes estão produzindo com suas GoPros", explicou Woodman. A GoPro se vangloria das cerca de 500 milhões de visualizações em seu canal do YouTube e das 7,5 milhões de curtidas no Facebook.

"É engraçado ver tanta gente usando a GoPro, mas faz muito sentido e é ótimo para a marca", comentou o surfista Kelly Slater, um dos muitos atletas patrocinados pela empresa. "Eles monopolizaram rapidamente a ideia, como a Band-Aid ou a Gillette fizeram. Hoje todo mundo chama esses tipos de vídeo de 'clipes GoPro' e espera ter sido filmado com uma GoPro por alguém."

Os concorrentes da GoPro são os primeiros a admitir isso. Giovanni Tomaselli, fundador da fabricante de câmeras de ação iON Worldwide, disse que Woodman "merece ser um bilionário" por sua inovação e que a iON "aprendeu muito [com a GoPro]" na promoção de seus primeiros produtos, lançados em 2012. Mas provocou: "Nós não acreditamos que essa categoria é do tipo 'tamanho único'".

Outros acreditam que a categoria pode não durar muito tempo. Os smartphones acabaram com a necessidade de ter uma filmadora, como a malfadada câmera Flip Video, e também podem um dia representar o fim da GoPro. Greg Gretsch, um *venture capitalist* do Vale do Silício, caracterizou a GoPro como sendo uma "oportunidade efêmera".

"O problema é que eles são um fabricante de hardware num mundo que está se aproximando rapidamente de uma überplataforma: o smartphone", ele declarou, ressaltando que há centenas de desenvolvedores criando apps todos os dias para os sistemas operacionais do iPhone e do Android.

Enquanto isso, a GoPro precisa enfrentar a liga profissional, que finalmente tomou conhecimento do sucesso da empresa. A Sony lançou suas primeiras câmeras de ação em 2012 e está se posicionando "firmemente no segundo lugar", oferecendo funcionalidades como estabilização de imagem e som estéreo, que atualmente a GoPro não oferece. "Somos, antes de tudo, uma fabricante de câmeras", explicou Greg Herd, diretor de produtos da Sony. "A GoPro é antes de tudo uma empresa de cases que só depois passou para as câmeras."

Woodman disse que o mercado que ele criou tem espaço para várias empresas. E adora apontar que a GoPro vendeu mais que a Sony na Best Buy em dezembro de 2012. "A Sony foi derrotada pela primeira vez e por quem? Pela GoPro?", Woodman pergunta, provocativo. "É incrível."

No entanto, ele sabe muito bem que a GoPro ainda tem muito a melhorar. Isso explica o acordo com a Foxconn, que entrou como um parceiro estratégico importantíssimo, e a IPO, que permitiu à GoPro alavancar o mercado financeiro. "Será que a abertura do capital coloca a gente numa posição melhor para competir?", Woodman pergunta retoricamente. "Veremos."

Dois meses depois de fechar o negócio com a Foxconn, Woodman tentou repetir a palavra "incrível", mas fica meio difícil falar num cockpit aberto a dois mil pés de altitude. Sobrevoando os vinhedos de Sonoma County, na Califórnia, num biplano da época da Segunda Guerra Mundial, o fundador da GoPro agitou os braços, extasiado. Ele fez um rápido voo invertido e colocou a aeronave em um estol de dar um nó no estômago enquanto dava seu grito característico "IIIIIIIIAAAAAAAAU!", que foi rapidamente engolido pelo ruído da hélice do avião.

Tendo conquistado as pistas de esqui e o mar, Woodman agora queria popularizar a GoPro para capturar "os momentos preciosos da vida". E ele não é o único a pensar assim.

"A minha visão é ajudar os consumidores do mundo a criar um ecossistema no qual as tarefas de capturar, compartilhar, visualizar e criar conteúdo em qualquer dispositivo, a qualquer momento, em qualquer lugar passam a ser práticas, fáceis e baratas", declara Terry Gou, o CEO da Foxconn. "A GoPro se encaixa bem num ecossistema como esse."

Trata-se de um grande salto. Mas a trajetória da GoPro continua sendo de crescimento e permanecerá assim enquanto a empresa encontrar novos usos e novos mercados para suas câmeras. "Se a gente continuar sendo o padrão de captura de imagens de pontos de vista diferentes em todo o mundo, a gente ainda tem muito crescimento pela frente", disse Woodman. Capturar algumas dessas perspectivas sem igual foi exatamente o que o CEO fez com oito GoPros naquele voo de biplano. Enquanto ele soltava os equipamentos de segurança e desembarcava da aeronave, as câmeras registraram algumas de suas primeiras palavras ao pisar em terra firme: "Nada mal".

CAPÍTULO DEZ

BRIAN CHESKY, AIRBNB: O CORRETOR DE IMÓVEIS DA ECONOMIA DO COMPARTILHAMENTO

Apesar de o caminho clássico para a riqueza na internet normalmente envolver derrubar uma indústria inteira, Brian Chesky, 32 anos, construiu com dois sócios uma fortuna pessoal de bilhões de dólares criando um sistema completamente novo. Sua empresa, a Airbnb, é uma plataforma centralizadora que faz a ponte entre pessoas que têm um espaço sobrando em casa com visitantes em busca de um lugar para dormir, o exemplo mais avançado da nova economia multibilionária de "compartilhamento" peer-to-peer. O Airbnb pode ser o melhor exemplo de uma empresa da web 2.0, que se fundamenta totalmente nas inovações anteriores da internet: sistemas de reputação baseados em feedback, que proporcionam selos de aprovação por *crowdsourcing* para os dois lados de uma transação; mídias sociais, que podem ser usadas para checar a identidade e conduzir verificações de antecedentes; e smartphones, que permitem que todas as pessoas se transformem em lojas, onde quer que estejam. Como **Tomio Geron** descobriu em 2013, esse fenômeno é muito maior do que Chesky imaginou quando ganhou um dinheiro fácil deixando alguns designers dormirem no chão de sua casa e deve se manter por um bom tempo, como demonstra a recente avaliação de US$ 10 bilhões da Airbnb.

No papel, Frederic Larson não passa de um ponto nos dados de cinco anos de estatísticas do governo dos Estados Unidos mostrando o subemprego em dezenas de setores e um crescimento estagnado da renda por toda parte. O fotógrafo de 62 anos de idade com dois filhos na faculdade perdeu o emprego quando o *San Francisco Chronicle* fez um downsizing em 2009. Hoje ele passa o tempo lecionando na Academy of Art University, com palestras ocasionais no Havaí. Uma vida bem diferente do salário, dos benefícios e do carro da empresa que ele costumava ter.

Mas Larson também é um ponto nos dados de uma revolução econômica que está transformando sem alardes milhões de pessoas em empresários de meio período e desestabilizando antigas noções de consumo e posse. Doze dias por mês Larson aluga sua casa no distrito de Marin County, na região da Baía de São Francisco, pelo site do Airbnb por US$ 100 a noite, um valor do qual ele embolsa US$ 97. Quatro noites por semana, ele transforma seu Prius num táxi pelo serviço de compartilhamento de corridas Lyft, embolsando mais US$ 100 por noite no processo.

Não é nada glamoroso — nas noites em que aluga a casa, ele se retira a um quarto isolado e toma banho na academia de ginástica —, mas, alavancando seus ativos tangíveis para transformá-los em fluxos de renda contínuos, ele consegue gerar US$ 3 mil por mês. "Eu tenho um produto, que é o que compartilho: o meu carro e a minha casa", Larson explicou. "Essas são as minhas duas fontes de renda."

Bem-vindo à *economia do compartilhamento*, na qual os proprietários de ativos usam plataformas centralizadoras digitais para capitalizar a capacidade não utilizada de coisas que eles já possuem e que os consumidores alugam dos *peers* em vez de alugar ou comprar de alguma empresa. A Airbnb é o garoto-propaganda do fenômeno, correndo à frente de mais de cem empresas que surgiram nos últimos cinco anos, oferecendo aos proprietários um pequeno fluxo de renda proveniente de dezenas de tipos diferentes de ativos físicos que até então jamais foram considerados monetizáveis. Alguns metros quadrados na entrada de uma casa agora podem gerar renda pelo Parking Panda. Um cômodo preparado para receber animais na sua casa de repente pode se transformar em um hotel de pets pelo DogVacay. No Liquid, por uma diária de US$ 20, uma bicicleta acumulando poeira e teias de aranha nos fundos de uma garagem pode se transformar numa maneira mais econômica para um turista conhecer a cidade.

"As pessoas que prestam esses serviços são, em muitos sentidos, empresários ou microempresários", explicou Brian Chesky, cofundador da Airbnb. "Eles saem mais independentes, mais livres, um pouco mais economicamente fortalecidos."

Com uma receita estimada de US$ 250 milhões em 2013, gerada principalmente de comissões por todas essas transações, a empresa de Chesky, sozinha, canaliza bilhões de dólares para a carteira das pessoas (um estudo estima que, só em Nova York, o Airbnb gera US$ 650 milhões em atividade econômica), criando um aumento de renda num mercado salarial estagnado... e uma força econômica desestabilizadora.

E isso não acontece só nas cidades turísticas. Chesky faz questão de observar que, numa cidade do interior, sua empresa tem anfitriões dispostos a alugar a casa pela bagatela de US$ 40 por noite.

O nascimento da economia do compartilhamento da presente era remonta a São Francisco de 2008, onde Chesky e Joe Gebbia, que tinham acabado de se formar na Faculdade de Design de Rhode Island, tiveram a ideia de ganhar um dinheirinho extra hospedando participantes de uma conferência de design industrial em colchões de ar no apartamento deles. Eles abriram um site na internet, o airbedandbreakfast.com, para anunciar as vagas. Depois de receberem três pessoas naquela semana, eles decidiram usar todo o limite de seus cartões de crédito e construir um site maior, com mais anúncios. "A gente nunca pensou na noção de fazer parte de uma nova economia", disse Chesky. "Só estávamos tentando resolver nosso problema. Depois que resolvemos nosso problema, percebemos que muitas outras pessoas poderiam sair ganhando com isso."

Para reforçar o lado tecnológico, os dois designers incluíram na equipe Nathan Blecharczyk, ex-colega de quarto de Gebbia. Desde o começo, o trio focou o site — rebatizado de Airbnb — em grandes eventos que lotavam os hotéis, como as convenções dos partidos Democrata e

Republicano em 2008. Em 2009, eles entraram no badalado catalisador Y Combinator, do Vale do Silício, apesar de Paul Graham, o cofundador da Y Combinator, não estar muito convencido. Os sócios da Airbnb o impressionaram com artimanhas malucas como cereais matinais "Obama O's" e "Captain McCain", que eles começaram oferecendo gratuitamente a blogueiros para conseguir publicidade e acabaram vendendo por US$ 40 a caixa para ajudar a bancar as despesas da empresa. "A gente não levava muita fé na ideia, mas os fundadores nos empolgaram", Graham contou. Em seguida, Chesky e sua equipe conquistaram a Sequoia Capital, que entrou com um investimento inicial de US$ 600 mil.

A Airbnb começou aos poucos, enfrentando o problema de massa crítica que todos os mercados enfrentam — compradores querem mais vendedores e vice-versa. O compartilhamento também vem acompanhado de um estigma social. Muita gente disse a Chesky que alugar para desconhecidos era "uma coisa estranha, uma ideia maluca". Para atrair mais anfitriões, os fundadores da Airbnb foram a Nova York em 2009, onde muitos de seus usuários moravam, para falar pessoalmente com eles — o contrário do que uma empresa da internet costuma fazer — e aprender como melhorar.

Os jornais passaram um século atuando como intermediários na troca de ativos. Várias inovações da internet possibilitaram a Airbnb, e seus clones, a melhorar exponencialmente a oportunidade. O sistema de reputação tão copiado da Ebay confere credibilidade comercial a pessoas físicas. Com o Facebook dá para ir ainda mais longe, verificando os perfis das pessoas antes de alugar para elas. Apps de smartphone permitem que os compartilhadores fechem as transações em qualquer lugar, vejam o que está sendo compartilhado nas proximidades e paguem na hora.

A Airbnb usa o modelo de um corretor. Em troca de proporcionar o mercado e serviços como atendimento ao cliente, administração de pagamentos e US$ 1 milhão em seguro para os anfitriões, a Airbnb fica com 3% do locatário e entre 6% e 12% do locador, dependendo do preço do imóvel.

A Airbnb fechou o ano de 2009 com 100 mil noites de locação, mas o crescimento acelerou depois que o site incluiu funcionalidades como pagamentos de depósitos em garantia e serviços de fotografia profissional e passou a permitir diferentes tipos de espaços, como casas inteiras, calçadas e até castelos e casas em árvores. Em 2010 o site já tinha se globalizado e o número de noites de locação já tinha subido para 750 mil. Em 2011, esse número já tinha decolado para dois milhões de noites de locação. E, em 2012, o número chegou perto dos 15 milhões. A massa crítica tinha sido atingida. Naquele mesmo ano, na véspera do Ano--Novo, 141 mil pessoas em todo o mundo se hospedaram num Airbnb. Em termos de taxa de ocupação de quartos individuais, isso representa quase 50% a mais do que todos os quartos de todos os hotéis da Strip em Las Vegas.

Esses números ainda não são nada em comparação com toda a indústria hoteleira dos Estados Unidos, que vende mais de 1 bilhão de noites por ano. Mas, se somarmos os 600 mil anúncios da Airbnb ao tipo equivalente de locais disponíveis em sites de férias como o Home-Away, o compartilhamento de casas passa a superar, em termos de contagem de quartos, todos os hotéis da marca Hilton do mundo. Michael Pachter, analista da Wedbush Securities, acredita que a Airbnb acabará chegando a 100 milhões de noites por ano.

Chesky e sua equipe já têm uma boa reserva para atingir essa meta. Em 2011, a Airbnb levantou US$ 112 milhões de renomadas empresas de VC como a Sequoia, a Greylock Partners e a Andreessen Horowitz, com uma avaliação de US$ 1,3 bilhão. "O potencial é gigantesco", disse Greg McAdoo, da Sequoia. "Daqui a vinte anos não vai dar para imaginar um mundo sem acesso às coisas pelo consumo colaborativo."

E, como se tudo isso não bastasse, em 2014, a empresa fechou uma rodada de US$ 400 milhões, avaliada em US$ 10 bilhões. No papel, Chesky, Gebbia e Blecharczyk passaram a pertencer ao clube de bilionários. E a empresa deles ainda nem deu lucro.

A Airbnb contou com um timing excelente e fundadores ágeis, mas também se beneficiou de uma mudança radical nos últimos cinco anos nas atitudes do consumidor em relação à posse, uma transição que pode vir a ser o mais duradouro legado da Grande Recessão.

A lição aprendida foi fundamental e profunda: tomar empréstimos para comprar ativos que você não tem condições de comprar é uma proposta questionável, como atestam 16,5 milhões de casas que tiveram a hipoteca executada. A posse, um fator fundamental do Sonho Americano, levou um golpe duro. "A situação mudou, principalmente entre a geração mais jovem", explicou Shannon King, presidente de planejamento estratégico da Associação Nacional de Corretores de Imóveis dos Estados Unidos. "Além disso, eles gostam da ideia de não ficar presos a uma propriedade. Podem morar em bairros diferentes da cidade e ter um estilo de vida mais flexível."

Esse novo paradigma levou a repercussões que vão muito além do mercado imobiliário. Com os carros, por exemplo, o velho ideal de comprar um carro depois de terminar o ensino médio para carregar os amigos e a namorada está perdendo a força. A proporção de carros novos comprados por norte-americanos entre 18 e 34 anos caiu de 16% em 2007 para 12% em 2012, de acordo com a Edmunds.com.

O pessoal da Geração Y, que constitui a força econômica em ascensão da América, foi culturalmente programado para emprestar, alugar e compartilhar. Eles não compram jornais, mas leem e divulgam as notícias à la carte pelo Facebook e pelo Twitter. Eles não compram DVDs, mas assistem aos programas por streaming. Eles não compram CDs, mas assinam serviços de música como o Spotify ou o Pandora (ou simplesmente pirateiam as músicas). Sabrina Hernandez, de 23 anos, trabalhava na Starbucks, mas não pretende voltar depois de embolsar uma média de US$ 1.200 por mês este ano hospedando cães de desconhecidos em seu apartamento pelo site DogVacay. "É muito mais gostoso do que trabalhar atendendo clientes."

Antigos setores estão rebolando para se ajustar. Enquanto os hotéis até o momento estão deixando aos reguladores o trabalho sujo de atacar a Airbnb — desde impostos sobre ocupação até seguros especiais para prédios residenciais, a economia do compartilhamento traz consigo uma série de problemas cabeludos —, a indústria automobilística está agindo. Além da aquisição da Zipcar pela Avis, a Daimler, proprietária da Mercedes, está expandindo rapidamente seu serviço de compartilhamento chamado car2go, que aluga seus pequenos carros do modelo Smart For-Two cobrando por minuto. E a General Motors investiu em uma rodada de US$ 3 milhões na RelayRides... para reforçar o marketing. A GM tomou essa decisão na esperança de que as pessoas que compartilham um Chevy acabem comprando um. Além disso, a GM pode incentivar as vendas promovendo a ideia de que um carro novo agora pode vir acompanhado de um fluxo de renda proveniente da locação. Você até pode disponibilizar seu carro da GM para locação com um app do RelayRides para o iPhone usando o sistema OnStar da GM.

Os economistas ainda estão aturdidos, sem saber ao certo como mensurar essa atividade toda. "Vamos ter de inventar novas métricas econômicas para calcular o impacto da economia do compartilhamento", disse Arun Sundararajan, um professor da Faculdade de Administração Stern, da Universidade de Nova York, que estuda o fenômeno. A maior questão para os acadêmicos é decidir se isso tudo efetivamente cria um novo valor ou se só substitui empresas existentes.

A resposta é, sem dúvida, os dois. Estamos falando de um exemplo clássico de destruição criativa. A economia pode sofrer um impacto negativo em curto prazo porque a pessoa deixa de comprar um carro. Mas o resultado serão eficiências econômicas no longo prazo e no fim todo mundo vai sair ganhando. A Airbnb, de Chesky, encomendou um estudo do impacto econômico da plataforma em São Francisco e constatou um "efeito de transbordamento". Como uma locação na Airbnb tende a ser mais barata que em um hotel, as pessoas acabam ficando mais tempo e gastam em média US$ 1.100 na cidade, em comparação com os US$ 840 gastos pelos hóspedes de hotéis; 14% dos clientes da Airbnb disseram que nem teriam ido visitar a cidade se não fosse pela Airbnb.

"Nunca aconteceu, na nossa economia, de uma utilização mais eficiente dos ativos levar a menos empregos", declarou Robert Atkinson, presidente da Information Technology and Innovation Foundation. "Se eu trabalhasse no setor hoteleiro, não perderia tempo me preocupando com isso."

E até pode ser artificial dividir o mundo em pessoas e corporações. Muitos críticos ridicularizam a Airbnb e serviços afins como sendo modismos efêmeros para tempos de crise. (O relatório da Airbnb constatou que 42% dos anfitriões usam a renda para pagar despesas do dia a dia.) A plataforma ainda pode tropeçar em áreas como segurança, valor, atendimento ao cliente e qualidade dos bens.

Mas os seres humanos sempre fizeram trocas, antes mesmo de o dinheiro existir. Novas tecnologias só lubrificam as engrenagens desses velhos instintos. Mesmo se o crescimento estabilizar, isso não muda o fato de que trocas como as proporcionadas pela Airbnb não passam de mais uma ponte entre os empreendedores e os clientes.

CAPÍTULO ONZE

ALEX KARP, PALANTIR: O BIG BROTHER

Praticamente não existe outra empresa no planeta — sem dúvida no mundo da tecnologia, que acredita piamente no poder da transparência — tão misteriosa quanto a Palantir. São poucos os que entendem o que a empresa faz ou sabem até que ponto seus sistemas data mining e suas técnicas e programas customizados são capazes de realizar tarefas de complexidade beirando o impossível bastando apertar um botão. Como uma força do bem, a Palantir é capaz de rastrear terroristas para o governo e detectar fraudes e atividades de hackers para empresas. A onisciência possibilitada pela Palantir (e pelo dinheiro da CIA que originalmente bancou a empresa), contudo, leva muitos libertários civis a descrever a empresa em termos orwellianos.

Se o Big Brother tiver um rosto humano, é o rosto de Alex Karp. Um filósofo que se descreve como "dissidente", ele se viu, primeiro por acaso (foi o colega de debates intelectuais preferido, na faculdade de Direito, de Peter Thiel, cofundador da Palantir) e depois por instinto, comandando uma empresa com poderes até então reservados aos deuses oniscientes. **Andy Greenberg** e **Ryan Mac** foram os primeiros a apresentar Karp, hoje com 47 anos, e a Palantir ao mundo, e o fizeram num momento importantíssimo: a Palantir, no fim de 2013, estava levantando grandes financiamentos a altas avaliações (o suficiente para fazer de Karp praticamente um bilionário) e estava de olho na expansão para o setor privado. No mundo da WikiLeaks e de Snowden, essa história pode ter repercussões para todos nós.

D esde que surgiram rumores de que uma startup chamada Palantir ajudou a matar Osama bin Laden, Alex Karp não teve muita paz. Numa manhã ensolarada no verão de 2013, o esbelto CEO da Palantir, ostentando uma cabeleira desgrenhada presa ao topo da cabeça, fez uma caminhada pelas colinas verdejantes ao redor do gigantesco radiotelescópio da Universidade de Stanford, conhecido como o Dish, um de seus passatempos meditativos preferidos. Mas essa solitude era quebrada por "Mike", um ex-Fuzileiro Naval dos Estados Unidos — um armário de poucas palavras, 1,85 metro e 120 quilos — que o seguia aonde quer que ele fosse. Até nas ruas suburbanas de Palo Alto, a poucos passos da sede da Palantir, ele era acompanhado do guarda-costas, que ia alguns passos atrás.

"Isso restringe muito a minha vida", Karp se queixou, com os olhos escondidos atrás de grandes óculos de sol. "Não existe nada pior para reduzir a sua capacidade de flertar."

Karp mantém seguranças 24 horas por dia, sete dias por semana, para se proteger de extremistas que o ameaçam de morte e teóricos da conspiração que ligam para a Palantir fazendo longos discursos sobre o Illuminati. Esquizofrênicos passaram dias a fio esperando por Karp do lado de fora do escritório. "É fácil ser alvo de fantasias", disse ele, "se a sua empresa está envolvida em realidades como a nossa".

Palantir vive as realidades de seus clientes: a NSA, o FBI e a CIA — um dos primeiros investidores da empresa por meio de seu fundo de *venture capital* In-Q-Tel —, junto com uma verdadeira sopa de letrinhas composta de outros órgãos militares e de contraterrorismo dos Estados Unidos. Nos últimos seis anos, a Palantir se tornou a empresa preferida de clientes em busca de minerar montanhas de dados para aplicações relacionadas a serviços de inteligência e segurança pública, com um software de interface sofisticada e programadores que só faltam cair de paraquedas na sede dos clientes para customizar os programas. A

Palantir transforma pântanos caóticos de dados em mapas de visualização intuitiva, histogramas e gráficos para análise de links. Basta dar aos chamados "engenheiros de campo" da empresa alguns dias para rastrear, etiquetar e integrar até o último dado de um cliente e a Palantir é capaz de elucidar problemas tão díspares quanto o terrorismo, ações de resgate em desastres e tráfico de pessoas.

Os assessores da Palantir incluem Condoleezza Rice e George Tenet, ex-diretor da CIA, que afirmou em uma entrevista que "seria bom se tivéssemos uma ferramenta com todo esse poder" antes dos ataques de 11 de Setembro. O general David Petraeus, ex-diretor da CIA, descreveu a Palantir à *Forbes* como sendo "uma ratoeira melhor quando era necessário ter uma ratoeira melhor", e descreve Karp com os termos "brilhantismo puro". Entre os órgãos que usam os serviços da Palantir para ligar os pontos estão os Fuzileiros Navais dos Estados Unidos, que aplicaram as ferramentas da empresa no Afeganistão para conduzir análises forenses de bombas na beira da estrada e prever ataques de insurgentes. O software ajudou a localizar integrantes de um cartel mexicano de drogas que mataram um agente alfandegário norte-americano e rastreou hackers que instalaram um spyware no computador do Dalai-Lama. No livro *A caçada*, detalhando o assassinato de Osama bin Laden, o autor Mark Bowden escreve que o software da Palantir "efetivamente merece a designação popular de Aplicativo Matador". A Palantir saiu das sombras do mundo de espiões e operações especiais para tomar a América corporativa de assalto. As mesmas ferramentas capazes de prever emboscadas no Iraque agora estão ajudando as companhias farmacêuticas a analisar dados sobre medicamentos. De acordo com um ex-funcionário da JPMorgan Chase, eles pouparam centenas de milhões de dólares à empresa resolvendo problemas que vão desde ciberfraudes a hipotecas problemáticas. Um usuário da Palantir que visita um banco pode, em questão de segundos, ver as conexões entre um endereço de IP nigeriano, um servidor proxy em algum lugar do território norte-americano e pagamentos fluindo de uma linha de crédito imobiliário sequestrada, da mesma forma que os clientes militares podem desvendar as ligações entre impressões digitais em fragmentos de uma granada de artilharia, dados de localização, informações anônimas e as mídias sociais para identificar fabricantes afegãos de bombas.

Ferramentas como essas permitiram aos jovens funcionários da Palantir, que estão na faixa dos 20 anos e usam camisetas, a roubar clientes dos engravatados da IBM, da Booz Allen e da Lockheed Martin com um produto de implementação mais rápida, que apresenta resultados mais limpos e em geral custa menos de US$ 1 milhão por instalação... uma fração do preço que os concorrentes conseguem oferecer. Seus clientes comerciais — cuja identidade a Palantir protege com ainda mais rigor do que a de seus clientes do governo — incluem o Bank of America e a News Corp. O setor privado agora responde por cerca de 60% das receitas da empresa, que, de acordo com estimativas da *Forbes*, chegaram a mais de US$ 450 milhões em 2013, em comparação com menos de US$ 300 milhões no ano anterior. Karp esperava que a Palantir fecharia US$ 1 bilhão em novos contratos de longo prazo em 2014, um ano que também poderia levar aos primeiros lucros da empresa.

Em suma, uma empresa financiada pela CIA e comandada por um filósofo excêntrico tornou-se uma das companhias de capital fechado mais valiosas do setor da tecnologia, avaliada em US$ 9 bilhões de acordo com uma rodada de financiamento em dezembro de 2013. Karp detém cerca de um décimo da participação da empresa, um pouco menos que seu maior stakeholder, Peter Thiel, o bilionário do PayPal e do Facebook. (Outros investidores bilionários incluem Ken Langone, cofundador da Home Depot, e o titã dos fundos hedge Stanley Druckenmiller.) Se e quando a empresa abrir o capital, uma possibilidade que, segundo Karp, a Palantir está considerando com relutância, o patrimônio líquido de Karp provavelmente ultrapassará a marca do US$ 1 bilhão.

O maior problema da Palantir pode ser justamente a enorme eficácia de seu software, que ajuda os clientes a ver coisas demais. Na esteira das revelações de Edward Snowden sobre as atividades de vigilância em massa realizadas pela NSA, as ferramentas da Palantir passaram a representar os maiores temores dos defensores da privacidade em relação às tecnologias de *data mining*, uma engenharia do nível do Google aplicada diretamente à espionagem por órgãos do governo. Essa combinação de Big Brother com a possibilidade de destrinchar montanhas de dados chamou a atenção do público justamente quando a Palantir surgia como uma das startups de maior crescimento no Vale do Silício, ameaçando contaminar a primeira impressão do público e levar a empresa a ser considerada tóxica aos olhos de clientes e investidores exatamente quando mais precisava deles.

"Eles atuam em um negócio assustador", observou Lee Tien, advogado da Electronic Frontier Foundation. Jay Stanley, analista da União Americana pelas Liberdades Civis (ACLU, na sigla em inglês), escreveu que o software da Palantir poderia levar a um "verdadeiro pesadelo totalitário, monitorando as atividades de americanos inocentes numa escala maciça". Karp, doutor em teoria social, não se esquiva desse tipo de preocupação. Segundo ele, a Palantir é a empresa capaz de revolucionar as regras do jogo da privacidade e da segurança. "A ideia não é o governo ser capaz de saber quando eu fumo um baseado ou tenho um caso", ele reconheceu. Em um discurso na empresa, ele declarou: "Temos de encontrar lugares protegidos do governo para todos nós podermos ser as pessoas especiais, interessantes e, no meu caso, dissidentes que gostaríamos de ser".

A Palantir se orgulha de proteções técnicas à privacidade que vão muito além dos requisitos legais para a maioria de seus clientes, bem como de uma equipe de "engenheiros de privacidade e liberdades civis". Mas é o próprio Karp que decide a trajetória empresa. "Ele é a nossa consciência", disse o engenheiro sênior Ari Gesher.

No entanto, nada disso elimina a possibilidade de o ambiente de negócios e a concorrência corromperem esses ideais cordiais. Quando fala sobre os rivais do setor, Karp muitas vezes parece menos com a consciência da Palantir e mais com o seu id. Ele declarou sua principal motivação num discurso à empresa em 2013: "matar ou mutilar" concorrentes como a IBM e a Booz Allen. "Acho que é uma questão de sobrevivência", ele explicou. "Nós precisamos vencer a concorrência inapta antes que ela nos mate".

Karp parece gostar de enumerar uma lista de razões pelas quais ele não é qualificado para seu trabalho. "Ele não tem formação técnica, não tem qualquer filiação cultural com o governo ou áreas comerciais, seus pais são hippies", ele enumerou, andando como um maníaco de um lado a outro em sua sala enquanto se descreve na terceira pessoa. "Como uma pessoa dessas poderia ser o cofundador e o CEO desde 2005 e como essa empresa pode continuar existindo?"

A resposta remonta às décadas de amizade de Karp com Peter Thiel, uma amizade que nasceu na Faculdade de Direito de Stanford. Os dois moraram num dormitório universitário e fizeram a maioria das aulas juntos no primeiro ano de faculdade, mas mantinham pontos de vista políticos claramente opostos. Karp tinha passado a infância na Filadélfia, filho de um artista e uma pediatra que passaram muitos fins de semana levando-o a manifestações em defesa de direitos trabalhistas e contra "qualquer coisa que Reagan fazia", ele lembrou. Thiel tinha fundado o escancaradamente libertário *Stanford Review* quando estudava na universidade.

"A gente se batia de frente... como animais selvagens na mesma trilha", conta Karp. "Eu basicamente adorava discutir com ele."

Sem vontade alguma de exercer a advocacia, Karp foi estudar com Jürgen Habermas, um dos filósofos mais importantes do século 20, na Universidade de Frankfurt. Não muito tempo depois de concluir seu doutorado, ele recebeu uma herança do avô e começou a investir em startups e ações com um sucesso surpreendente. Alguns endinheirados ficaram sabendo que "aquele maluco era bom em investimentos" e começaram a lhe pagar por orientação. Para administrar o dinheiro deles, Karp abriu o Caedmon Group, sediado em Londres. O nome da empresa faz referência ao nome do meio de Karp, em homenagem ao primeiro poeta conhecido da língua inglesa.

Enquanto isso, Thiel voltou ao Vale do Silício e cofundou o PayPal com Elon Musk, entre outros, e vendeu a empresa à eBay em outubro de 2002 por US$ 1,5 bilhão. Ele abriu um fundo hedge chamado Clarium Capital e, não satisfeito, continuou abrindo outras empresas. Uma delas se tornaria a Palantir, batizada por Thiel em homenagem aos *palantír*, as pedras videntes do universo de *O Senhor dos Anéis*, de J. R. R. Tolkien, artefatos mágicos que permitem enxergar através de grandes distâncias para saber o que amigos e inimigos estão fazendo.

Num mundo pós-11 de Setembro, Thiel queria vender os poderes dos *palantír* ao crescente complexo de segurança nacional dos Estados Unidos. Seu conceito para a Palantir era usar o software de reconhecimento de fraudes criado para a PayPal para impedir ataques terroristas. Mas desde o início o libertário viu a Palantir como um antídoto contra violações de privacidade — e não uma ferramenta para fazer exatamente isso — numa sociedade com medidas de segurança cada vez mais rigorosas. "Era uma empresa orientada à missão", disse Thiel, que investiu US$ 40 milhões do próprio bolso na Palantir, cujo conselho ele preside. "Eu defini o problema como sendo a necessidade de reduzir o terrorismo ao mesmo tempo que as liberdades civis eram preservadas."

Em 2004, Thiel se associou a Joe Lonsdale e Stephen Cohen, que se formaram em ciência da computação pela Stanford, e Nathan Gettings, um engenheiro da PayPal, para programarem juntos um produto rudimentar. Eles começaram bancados completamente por Thiel, e a jovem equipe teve dificuldades de convencer investidores ou clientes potenciais de que merecia ser levada a sério. "Como é que a gente convence esse tipo de gente a dar ouvidos a um bando de moleques de 22 anos?", perguntou Lonsdale. "A gente queria alguém com uns cabelos grisalhos."

Entra em cena Karp, cuja cabeleira prateada à la Kramer, abastados contatos europeus e diploma de doutorado mascaravam sua inexperiência no mundo dos negócios. Apesar de não ter qualquer formação em tecnologia, os fundadores ficaram impressionados com a capacidade dele de entender rapidamente problemas complexos e traduzi-los a não engenheiros.

Lonsdale e Cohen o convidaram para atuar como CEO em exercício, e não se impressionaram com nenhum dos sujeitos de colarinho engomado de Washington nem os MBAs que entrevistaram para assumir o cargo permanente. "Eles queriam saber sobre o nosso diagnóstico de mercado potencial", conta Karp, desdenhando do jargão das faculdades de administração. "Enquanto isso, a gente falava em criar a empresa mais importante do mundo."

Apesar de Karp ter conseguido atrair alguns investidores-anjo europeus iniciais, os *venture capitalists* americanos pareciam alérgicos à empresa. Segundo Karp, Michael Moritz, o presidente do conselho da Sequoia, passou uma reunião inteira rabiscando desenhos num bloco de notas. Um executivo da Kleiner Perkins fez um sermão de uma hora e meia aos fundadores da Palantir sobre o fracasso inevitável da empresa.

A Palantir foi resgatada por uma indicação à In-Q-Tel, o braço de *venture capital* da CIA, que se propôs a fazer duas rodadas de investimento totalizando mais de US$ 2 milhões. "Estava claro que eles eram talentos de primeira categoria", explicou Harsh Patel, que foi executivo da In-Q-Tel. "A coisa mais impressionante sobre a equipe era o enorme foco deles no problema... como as pessoas poderiam interagir com os dados."

Essa missão acabou se revelando muito mais difícil do que os fundadores poderiam ter imaginado. A PayPal tinha começado com informações perfeitamente estruturadas e organizadas para sua análise de fraudes. Os clientes dos serviços de inteligência, pelo contrário, tinham coleções incompatíveis de e-mails, registros e planilhas.

Para cumprir suas promessas envolvendo a privacidade e a segurança, a Palantir precisou catalogar e etiquetar os dados dos clientes para que só os usuários com as credenciais certas pudessem acessá-los. Um sistema como esse implicava que informações sigilosas não podiam ser visualizadas por pessoal sem autorização adequada. E também foi projetado para evitar o uso indevido de dados pessoais confidenciais.

Mas a proteção centralizada à privacidade e à segurança da Palantir seria o que Karp chama, com sua paixão pelo jargão acadêmico, de "o log imutável". Tudo o que um usuário faz na Palantir cria um rastro que pode ser auditado. Nenhum espião russo, marido ciumento ou Edward Snowden pode usar a ferramenta sem deixar um registro indelével de suas ações.

Entre 2005 e 2008, a CIA foi o patrono da Palantir e o único cliente da empresa, encarregando-se dos testes alfa e avaliando o software. No entanto, com a sanção de Langley, notícias das capacidades crescentes da Palantir se espalharam e os californianos começaram a chegar com ofertas e recrutas. O filósofo Karp acabou revelando uma capacidade especial de identificar e seduzir engenheiros talentosos. Os colegas ficaram tão aturdidos com seu faro por talentos técnicos que chegaram a enviar um ou dois candidatos medíocres a uma entrevista final com Karp para pôr sua capacidade de caça-talentos à prova. Ele os identificou imediatamente.

A cultura sem igual da Palantir começou a se formar ao redor da imagem iconoclasta de Karp. A sede da empresa em Palo Alto, que os palantianos chamam de "o Condado", em referência à terra dos hobbits de Tolkien, dispõe de uma sala de conferência transformada numa piscina gigante de bolas de plástico colorido e não faltam dardos de espuma lançados com pistolas de plástico e pelos de cachorro no chão. (Os amigos caninos são bem-vindos na empresa.) Os funcionários, a maioria dos quais opta por usar roupas com a estampa da Palantir todos os dias, passam tanto tempo no escritório que alguns deixam escovas de dente na pia do banheiro.

O próprio Karp mantém a posição de o mais excêntrico dos excêntricos da Palantir. O eterno solteirão, que diz que a ideia de se casar e ter uma família lhe dá "arrepios", é conhecido por sua personalidade obsessiva. Ele resolve cubos mágicos em menos de três minutos, nada e pratica a arte meditativa do Qigong todos os dias e passou por fases de *aikido* e jiu-jítsu que envolveram dominar fisicamente os cofundadores nos corredores do Condado. Um armário em sua sala é dedicado a vitaminas, vinte pares de óculos de natação idênticos e desinfetante para as mãos. Ele se dirige à sua equipe usando um canal de vídeo interno chamado KarpTube, falando sobre temas variados, como ganância, integridade e marxismo. "O único momento em que não estou pensando na Palantir", ele disse, "é quando estou nadando, praticando Qigong ou fazendo sexo".

Em 2010, os clientes da Palantir do Departamento de Polícia de Nova York indicaram a empresa à JPMorgan, que viria a ser seu primeiro cliente comercial. Uma equipe de engenheiros alugou um loft no descolado bairro de Tribeca, dormindo em beliches e trabalhando 24 horas por dia para ajudar a solucionar os problemas do banco com fraudes. Em pouco tempo eles foram encarregados da missão de desvendar a carteira de hipotecas tóxicas da JPMorgan. Hoje em dia, as operações da Palantir em Nova York se expandiram para ocupar todo um escritório temático do Batman, conhecido como Gotham, e seus lucrativos serviços financeiros incluem de tudo, desde a previsão de execuções de hipotecas até o combate a hackers chineses.

À medida que sua base de clientes crescia, contudo, rachaduras começaram a aparecer na cultura idealista da Palantir. No início de 2011, e-mails vazaram revelando que um engenheiro da Palantir tinha colaborado numa proposta para lidar com uma ameaça da WikiLeaks de divulgar documentos do Bank of America. O funcionário da Palantir tinha concordado entusiasticamente nos e-mails a propor ações de rastreamento e identificação de doadores ao grupo, lançando ciberataques à infraestrutura do WikiLeaks e até ameaçando seus simpatizantes. Quando o escândalo veio à tona, Karp suspendeu o engenheiro transgressor e emitiu um comunicado se desculpando pessoalmente pelo ocorrido e prometendo que sua empresa apoiaria "valores e causas progressistas". Uma empresa de advocacia foi contratada para rever as ações e as políticas da empresa e, depois de alguma deliberação, decidiu que seria aceitável recontratar o funcionário infrator, uma resolução recebida com escárnio pelos críticos da empresa.

Depois do incidente com a WikiLeaks, a equipe de privacidade e liberdades civis da Palantir criou uma linha direta de denúncia de infrações éticas para os engenheiros batizada de Batphone. Qualquer engenheiro pode usar a linha direta para informar anonimamente aos membros do conselho da Palantir sobre ações tomadas em nome de um cliente que eles consideram antiéticas. Por exemplo, devido a uma informação recebida pelo Batphone, a empresa desistiu de um projeto que envolvia a análise de informações nas páginas públicas do Facebook. Karp também afirmou que a Palantir recusou a chance de trabalhar com um fabricante de cigarros e em geral a empresa declara que abre mão de até 20% de receitas potenciais devido a razões éticas. (Só o futuro dirá se a empresa continuará sendo tão exigente se abrir o capital e precisar responder aos acionistas, divulgando resultados trimestrais.)

Mesmo assim, de acordo com ex-funcionários, a Palantir aceitou projetos na Arábia Saudita apesar dos questionamentos da equipe no que se refere a abusos de direitos humanos no reinado. E, apesar de toda a ênfase de Karp nos valores, seu pedido de desculpas no caso da WikiLeaks também não parece ter ficado gravado na memória dele. Em um discurso aos engenheiros da Palantir em 2013, ele declarou em tom de provocação: "Nós nunca tivemos um escândalo que na verdade fosse culpa nossa".

Às 16h07 do dia 14 de novembro de 2009, Michael Katz-Lacabe estava estacionando seu Prius vermelho na garagem de sua casa, no tranquilo bairro residencial de San Leandro em Oakland, quando um carro da polícia passou pela rua. Uma câmera de placas de automóveis instalada na viatura, rotineiramente programada para tirar fotos de tempos em tempos, fotografou a cena: sua casa térrea branca, seu gramado ressecado com roseiras definhando e suas filhas de 5 e 8 anos saindo do carro.

Katz-Lacabe, um sujeito de barba grisalha e cabelos revoltos, membro do conselho da escola local, ativista comunitário e blogueiro, só viu a foto um ano depois. Em 2010, ficou sabendo das câmeras de placas automáticas do Departamento de Polícia de San Leandro, programadas para fotografar e monitorar constantemente os movimentos de todos os carros da cidade. Ele submeteu em cartório uma solicitação de quaisquer imagens que incluíssem seus dois carros. A polícia enviou 112 fotos. Ele ficou especialmente chocado com a foto de suas filhas.

"Vai saber quantos outros filhos e filhas foram fotografados por esse sistema?", ele perguntou. Ele ficou extremamente preocupado, motivado não só por seus instintos protetores de pai. "Com essa tecnologia, dá para voltar no tempo e ver onde todo mundo está, se o sujeito parou o carro na frente da casa da amante, numa clínica de maconha medicinal, numa clínica de aborto, numa manifestação."

Katz-Lacabe investigou e descobriu que os milhões de imagens coletadas pelas câmeras de placas de automóveis de San Leandro são transmitidos ao Centro de Inteligência Regional do Norte da Califórnia (NCRIC, na sigla em inglês), uma das 72 organizações de inteligência operadas pelo governo federal e criadas após os ataques de 11 de Setembro. Lá as fotos eram analisadas usando um software criado por uma empresa das proximidades: a Palantir.

Na proposta que a Palantir enviou ao NCRIC, ela ofereceu referências de clientes que incluíam os departamentos de polícia de Los Angeles e Nova York, vangloriando-se por possibilitar buscas nos 500 milhões de fotos de placas do Departamento de Polícia de Nova York (NYPD, na sigla em inglês) em menos de cinco segundos. Katz-Lacabe entrou em contato com a Palantir explicando por que se preocupava com as questões envolvendo sua privacidade e a empresa respondeu convidando-o para uma reunião em sua sede. Quando chegou ao Condado, dois funcionários fizeram uma apresentação de uma hora sobre as proteções à privacidade da Palantir — seus controles de acesso, logs imutáveis e o Batphone.

Katz-Lacabe não se impressionou. Ele observa que o software da Palantir não inclui limites de tempo por default e todas as informações podem ser acessadas pelo tempo que forem mantidas nos servidores dos clientes. E a função de auditoria da Palantir? "Acho que isso não quer dizer nada", disse ele. "Os logs só têm utilidade quando são usados."

Quando Karp ficou sabendo da história de Katz-Lacabe, ele se defendeu prontamente: o software da Palantir salva muitas vidas. "Por exemplo, um caso real", ele começou antes de contar a história de um pedófilo que dirigia um "Cadillac detonado" e foi preso menos de uma hora depois de atacar uma criança, graças às câmeras de placas de automóveis do NYPD. "Graças aos dados do leitor de placas de automóveis que eles coletaram com o nosso produto, prenderam o infrator e salvaram a vida de outras crianças."

"Se nós, que vivemos em uma sociedade democrática, acreditarmos que as informações das placas não podem ser divulgadas ao público em virtude das proteções da Quarta Emenda [artigo adicional da constituição norte-americana que protege a propriedade privada do cidadão e proíbe buscas não autorizadas], o nosso produto pode ajudar os clientes a não passar desse limite", ele explicou, acrescentando que esses dados só deveriam ser mantidos por um prazo determinado. Porém, enquanto a lei não mudar, a Palantir vai jogar dentro dessas regras. "No mundo real, onde a gente atua — um mundo que nunca é perfeito —, não dá para ter tudo. É uma coisa ou outra."

E se os logs de auditoria da Palantir — sua principal proteção contra o abuso — forem simplesmente ignorados? Karp respondeu que os logs são feitos para ser analisados por um terceiro. No caso das agências governamentais, ele sugeriu criar um órgão supervisor para avaliar todos os dados de vigilância, uma instituição que, por enquanto, ainda é puramente teórica. "Um dia alguma coisa parecida vai existir", Karp insistiu. "As sociedades vão criar esses órgãos justamente porque a alternativa é escancarar as portas para o terrorismo ou perder todas as nossas liberdades."

Os críticos da Palantir, como seria de esperar, não se convenceram com o tribunal hipotético de Karp. Amie Stepanovich, uma ativista do Electronic Privacy Information Center, declarou que a Palantir é "ingênua" se realmente espera que o governo comece a policiar o próprio uso da tecnologia. Lee Tien, da Electronic Frontier Foundation, zombou do argumento de Karp de que proteções de privacidade podem ser incorporadas aos sistemas de vigilância depois de os sistemas serem implementados. "É preciso pensar no que fazer com o lixo tóxico enquanto a usina de energia nuclear ainda está sendo construída", ele argumentou, "e não deixar isso para algum dia, quem sabe, no futuro".

Alguns ex-funcionários da Palantir afirmaram que também se preocupavam com as potenciais violações dos direitos humanos que o trabalho deles possibilitava. "Você está criando algo que sem dúvida poderia ser usado com má intenção. Teria sido um pesadelo se J. Edgar Hoover tivesse esse poder em mãos durante a sua cruzada contra Martin Luther King", comparou um ex-engenheiro. "Me incomodou muito pensar que o meu trabalho poderia ajudar a impedir uma revolução como a Primavera Árabe."

Apesar dos elevados princípios da Palantir, revelou outro ex-engenheiro, as prioridades da empresa no dia a dia são satisfazer seus clientes, as forças policiais e os órgãos de inteligência: "Manter boas relações com os órgãos de segurança pública e 'manter a lojinha aberta' são metas que não batem com os ideais".

Ele também argumentou que nem os fundadores da Palantir entendem direito os *palantír* de *O Senhor dos Anéis*. Segundo ele, as pedras videntes de Tolkien, na verdade, não mostravam a percepções reais. "Os *palantír* distorcem a verdade", segundo ele. E as pessoas que os consultam, acrescentou, "só veem o que querem ver".

Apesar das alegações dos críticos, fica claro que Alex Karp valoriza a privacidade... pelo menos a própria privacidade.

Sua sala, decorada com fotos dele em tamanho natural montadas e recortadas em papelão pela equipe da Palantir e uma fortaleza de Lego sobre uma mesa de café, dá para a Alma Street, em Palo Alto, que pode ser vista por espelhos bidirecionais. Cada painel foi equipado com um dispositivo com fio semelhante a um disco de hóquei branco. Os dispositivos, conhecidos como transdutores acústicos, vibram imperceptivelmente o vidro com ruído branco para evitar técnicas de espionagem, tais como lasers ricocheteando nas janelas para ouvir o que é dito do lado de dentro.

Ele lembrou com saudade uma época mais despreocupada da sua vida, uma era pré-Palantir, largando seu cubo mágico para poder gesticular melhor. "Eu tinha US$ 40 mil no banco e ninguém me conhecia. Eu adorava aquela vida. Adorava. Simplesmente adorava. Adorava mesmo!", ele exclamou, levantando a voz e gesticulando com as mãos acima da cabeça. "Eu perambulava por aí, passava a noite inteira em Berlim, em lugares de reputação duvidosa. Eu conversava com quem desse na telha, às vezes levava pessoas para casa. Ia aonde as pessoas faziam coisas, fumavam coisas. Eu simplesmente adorava."

"Acho um enorme pé no saco não poder ser mais anônimo."

Não é fácil para um homem na posição de Karp ser um dissidente no mundo moderno. E, com ferramentas como a Palantir nas mãos do governo, a dissidência também pode ficar mais difícil para todos nós. Com ou sem proteções de segurança, a anonimidade tão desejada por Karp pode se transformar num luxo.

Karp abaixa os braços e a empolgação desaparece de sua voz: "Tenho de dar um jeito de superar isso".

CAPÍTULO DOZE

PEJMAN NOZAD, INVESTIDOR-ANJO: A CINDERELA DO VALE DO SILÍCIO

Pejman Nozad é a figura de menor sucesso apresentada neste livro no que se refere aos critérios de sucesso financeiro ou número de empresas diretamente criadas por ele, mas é um dos mais inspiradores. Nozad não é um empreendedor transbordando de ideias revolucionárias. Ele nem chega a ser o sujeito que aposta no empreendedor que tem as ideias revolucionárias. Na verdade, ele é a pessoa no lugar certo, no momento certo da história, a fazer a ponte entre esses dois lados e consegue fazer isso de maneira absolutamente brilhante. O Vale do Silício é uma meritocracia, na qual ideia e execução dominam todo o resto. Mas as conexões certas ainda fazem uma enorme diferença. E, se você não estudou na Stanford, talvez o melhor lugar para garantir um acordo seja a alguns quilômetros do campus, na Medallion Rug Gallery.

Nozad, um imigrante iraniano, entrou no jogo da tecnologia vendendo tapetes. É isso mesmo. Misture a isso uma pitada de charme, ambição, esperteza e intuição e o resultado é uma fortuna de US$ 100 milhões. **Victoria Barret** encontrou Nozad ao estilo dos melhores repórteres, indo investigar uma informação de outra reportagem (no caso, uma informação dada por Drew Houston, da Dropbox, que, alguns dias depois de conhecer Nozad, contou que "ele basicamente foi o nosso cafetão"). Não é sempre que uma saga do mundo dos negócios lembra uma história de Cinderela. Neste caso, o sapato coube certinho no pé de Nozad.

Em uma agradável noite de fevereiro em Palo Alto, Pejman Nozad bebericava seu chá no terraço do Rosewood Hotel, no epicentro da capital das empresas de *venture capital*, a Sand Hill Road. Ele escolheu uma mesa posicionada de modo que pudesse ver todas as pessoas que entravam. Como de costume, o lugar estava lotado de colaboradores de startups, empreendedores com óculos de aro grosso e jeans socializando com seus financiadores, sujeitos da área de finanças vestindo calças com vincos e mocassins de couro italiano cor de areia. Nozad tem a aparência grisalha de um dos sujeitos das finanças, mas, com seu blazer azul-claro decorado com um lenço de estampa escocesa em tons pastel no bolso, representava uma ponte descontraída entre os dois grupos.

"Aquele é o Mike Abbott. Você sabe quem ele é? Um dos caras mais inteligentes que conheço, simplesmente brilhante", Nozad descreveu, acenando para cumprimentá-lo de longe. Ele perguntou sobre os filhos de Abbott, que tinha acabado de sair da Twitter, onde era o encarregado da engenharia, para entrar como partner na empresa de *venture capital* Kleiner Perkins Caufield & Byers. Quando Abbott se afastou, Nozad levantou-se rapidamente. "Meu Deus, como vai, tudo bem?", ele saudou, aproximando-se de Lorenzo Thione, o cofundador de origem italiana da empresa de buscas Powerset (que foi vendida à Microsoft por US$ 100 milhões em 2008). "Eu sabia que você não ia durar muito na Microsoft", disse Nozad, um dos primeiros investidores da Powerset. "Ir atrás de coisas novas está no seu DNA."

Thione abriu um grande sorriso ao descrever sua mais recente "paixão", um serviço similar ao da Netflix voltado à arte contemporânea de alto poder aquisitivo. Ele mencionou a quantia que pretendia levantar. Nozad se inclinou um pouco em sua direção: "Fascinante! Tenho um pessoal com quem você precisa falar. Conheço os melhores designers de interiores de Nova York. E quero conhecer o seu cofundador. Eu jamais invisto antes disso".

O ar do terraço foi ficando gelado e Nozad passou os olhos pelo bar. O Rosewood estava se transformando, colocando seu traje de noite. O pessoal da tecnologia tinha guardado os iPads, passando a empunhar drinques, enquanto algumas garotas de programa circulavam por lá, abordando possíveis clientes... talvez o sinal mais claro de que o dinheiro voltou a correr solto pela Tecnolândia. Nozad queria ocupar o sofá em forma de L bem no canto da entrada. "Temo que os meus amigos possam não me achar", ele explicou a uma garçonete rechonchuda.

Abrigado em seu novo poleiro, ele avistou Darian Shirazi, que entrou no Facebook assim que terminou o ensino médio, o primeiro estagiário e um dos primeiros contratados da empresa. Em questão de minutos Nozad relacionou nomes de investidores importantes e possíveis membros do conselho que Shirazi deveria procurar para sua startup de dados corporativos, a Radius. Sem ao menos parar para tomar fôlego Nozad mencionou um amigo a quem Shirazi deveria apresentar sua prima. "Ele é um cara espetacular, mas ela vai precisar vir de Londres", Nozad afirmou enfaticamente. "O lugar dela é aqui." Shirazi interrompeu, colocando-se no papel de um tradutor cultural: "Os persas são eternos casamenteiros".

E, sim, é exatamente o que ele faz, o dia todo, todo dia. Nozad é um dos maiores "construtores de pontes" do Vale do Silício. Os principais investidores atendem as ligações dele. Empreendedores com potencial de criar grandes sucessos o consideram um tio. E, em algum lugar entre os dois, lá está ele, embolsando pequenas participações de algumas das startups mais badaladas do mundo. No entanto, Nozad não tem um cartão de visitas, algo praticamente obrigatório no Vale do Silício. Ele não fez MBA. Não tem doutorado. Não tem "absolutamente nenhuma formação técnica" (nas palavras dele). Ele nem chegou a trabalhar numa empresa de tecnologia.

O caminho de Nozad para se transformar em um poderoso intermediador do Vale do Silício — e um investidor de VC com um patrimônio líquido na casa dos US$ 100 milhões — foi bem simples: ele vendia tapetes.

A University Avenue consegue refletir toda a diversidade de Palo Alto. A rua começa como uma saída da Ponte Dumbarton, que corta a extremidade sul da Baía de São Francisco, passa pela rústica Zona Leste de Palo Alto e por trechos arborizados salpicados de mansões milioná-rias até chegar, como o nome indica, ao campus da Stanford. Não muito longe do campus, em frente a uma Starbucks e um restaurante tailandês, fica a Medallion Rug Gallery, uma ampla loja onde a família Amidi passou 36 anos vendendo "requintadas formas de arte" que se pode usar para cobrir o chão de casa.

Em 1994, o patriarca da família, Amir Amidi, se viu ao telefone com Nozad, que, apesar de não ter qualquer experiência tangível e estar longe de dominar o inglês, tinha respondido a um anúncio na TV em busca de um vendedor. "Você já trabalhou como vendedor?", Amidi perguntou em persa ao ousado candidato.

"Não, mas eu gostaria de uma chance", Nozad respondeu. "Como o senhor poderia recusar uma chance a alguém que nem conhece?"

Nozad já tinha aprendido bem a lição de que quem não arrisca não petisca. Ele foi criado em Teerã, mas na década de 1980 sua família fu-giu para a Alemanha. Nozad planejava ir morar com ela depois de passar pelo serviço militar obrigatório no Irã, o que faria jogando futebol para o time do primeiro-ministro do país. Quando um oficial militar ques-tionou sua dispensa, alegando que seu tempo de serviço desportivo não deveria ser contabilizado, Nozad encontrou um alto funcionário público e fez uma entrevista com ele falando sobre os benefícios do futebol... e convenceu o funcionário a apressar sua dispensa.

Um mês depois de ir morar com a família em Mannhcim, na Alema-nha, com planos de continuar jogando futebol, seu irmão o convenceu a ir pedir um visto no consulado dos Estados Unidos. Foi uma espécie de trapaça. Seu irmão estava obcecado com a cultura norte-americana e ia quase todo dia ao consulado, mas seus pedidos de visto nunca eram aceitos. Nozad apareceu no consulado um dia, mencionou a entrevista com o funcionário público sobre futebol e imediatamente conseguiu um visto de jornalista. Dois meses mais tarde, ele estava em um avião para São Francisco, onde tinha um tio, com US$ 700 no bolso e algumas palavras de inglês na manga.

Trabalhou em San Jose num lava-rápido de alguns iranianos e depois numa loja de café e iogurte em Redwood City, enfiada entre um res-taurante mexicano e um escritório da previdência social. Morava num quartinho no andar de cima da loja, atulhado de guardanapos, copos e grãos de café e estudava inglês à noite. Foi quando viu por acaso o anúncio procurando um vendedor de tapetes para a loja de um imigrante iraniano mais velho que venceu sozinho na vida depois de fugir de sua terra natal quando o Xá foi deposto.

"O meu pai tinha a experiência e Pejman tinha o entusiasmo", contou o filho de Amidi, Saeed (Amidi faleceu em 2000). "O sonho americano funciona nos dois sentidos. Muitos ricos precisam dividir o que sabem e correr riscos com os jovens. É assim que eles continuam ricos. E também é um caminho que eles conhecem bem, porque foram ajudados do mesmo jeito por alguma outra pessoa no passado."

Ao longo dos próximos quinze anos, à medida que seu inglês melhorava e sua confiança era reforçada, Nozad se tornou o melhor vendedor de Amidi, vendendo US$ 8 milhões em tapetes no seu melhor ano. No entanto, muito mais importante que isso, ele era um oportunista no melhor sentido da palavra. Esse novato na Terra do Tio Sam percebeu que o destino lhe dera acesso às pessoas mais importantes da região mais importante do setor mais importante no período mais importante.

E ele fez questão de não desperdiçar a chance. Nozad insistia em atender os clientes na casa deles, arrastando consigo uns vinte e tantos tapetes ("isso rende duas horas de conversa, pelo menos"). E antes das visitas ele pesquisava os anfitriões no Google, para poder transformar uma sessão de exposição de tapetes em um tutorial de duas mãos, salpicando gentilmente a conversa com perguntas sobre a carreira, preferências e visões de mundo dos clientes. Era um pouco estranho no início. Mas em questão de meses fazendo isso ele já tinha nomes para mencionar e tendências tecnológicas para considerar. "Os mais espertos me entendiam", ele contou. "Eles sacavam. Eles me convidavam para ir ao escritório deles."

Nozad começou a dar uma de anfitrião. Ele organizava coquetéis na loja de tapetes para reunir alguns dos principais VCs com empresários. "As pessoas costumavam tirar sarro de mim porque eu ia lá", contou Doug Leone, um partner veterano da Sequoia Capital. "Às cinco da tarde os tapetes eram retirados e telas planas eram ligadas. Todo mundo lá era imigrante... Italianos como eu, iranianos, indianos. Eu ficava bem à vontade lá."

Nozad ainda não tinha praticamente nenhum ativo considerável. Mas seu chefe, que passara a chamar Nozad de seu "terceiro filho", tinha percebido a capacidade dele de fazer a ponte. Amidi também se entusiasmou com a ideia do *venture capitalism*. A família tinha comprado um pequeno prédio de escritórios na mesma rua da loja de tapetes e viu quando um inquilino, a Google, que só tinha alguns funcionários, decolou de repente. Outro inquilino, a PayPal, também cresceu a ponto de precisar de um escritório maior... e dessa vez Amidi investiu. "A gente percebeu que todo mundo ali estava ganhando mais dinheiro do que a gente", disse Saeed Amidi. "A gente queria entrar naquele jogo de peixes grandes."

Em 1999, os Amidi lançaram formalmente um fundo de investimento e Nozad entrou na função de caçador de oportunidades. O fundo começou com US$ 2 milhões. Nozad botou US$ 200 mil do próprio bolso, quase tudo o que tinha, e ficou com um terço da participação. O nome da empresa, Amidzad, era uma combinação dos nomes das duas famílias. Apesar de os investimentos deles serem relativamente pequenos — US$ 25 mil ou US$ 250 mil, o tipo de montante que a maioria dos VCs nem se daria ao trabalho de levar em consideração —, a ambição de Nozad invariavelmente lhe rendia o que Sameer Gandhi, da Accel Partners, apelidou de "a exceção de Pejman".

"Ele tem um faro excepcional e eu confio muito nele", disse Leone, da Sequoia, que deixou Nozad investir com ele em quatro empresas diferentes. "Ele é como eu, é um cara do povo."

A primeira grande aposta de Nozad foi em uma startup chamada Danger, que tinha como objetivo fabricar dispositivos móveis para trocar dados. Nozad tinha vendido a Andy Rubin, o cofundador da Danger, um tapete de US$ 5 mil. O acordo levou horas de negociação e Nozad saiu impressionado. Ele quis saber mais sobre a Danger. Não conseguia entender direito a tecnologia, mas, depois da primeira reunião de negócios com Rubin (que hoje dirige a divisão Android da Google), Nozad procurou seu mentor Amidi e disse: "Eu investiria naquele cara mesmo se ele vendesse balões vermelhos. Ele vai fazer a coisa dar certo". Convencida, a Amidzad fez um cheque de US$ 400 mil.

A Danger tornou-se uma empresa de software de celulares e foi adquirida pela Microsoft por US$ 500 milhões, mas, quando isso aconteceu, a participação da Amidzad tinha sido diluída para uma ninharia. Nozad só conseguiu dobrar seu investimento em oito anos. Sam Ferdows foi contratado como advogado da Amidzad logo depois do acordo com a Danger. Ele lembra: "Uma vez por semana Pejman vinha me falar do 'melhor negócio que ele já fez na vida'. Ele fechava acordos na base do aperto de mão. E ninguém nunca lia as letras miúdas. Eu não acho que eles sequer notavam as letras miúdas. Uma vez, ele me disse que um cara nos daria uma parte de seu 'retorno gerado'. O que diabos isso quer dizer?".

Nozad percebeu seu ponto fraco e passou a fechar acordos só se o sujeito fosse mais experiente, alguém de quem ele gostasse e que estivesse disposto a investir também. Uma de suas primeiras escolhas foi Babak "Bobby" Yazdani, um dos primeiros investidores da Google e do salesforce.com. Ele aconselhou Marc Benioff na seleção dos primeiros colaboradores-chave e fundou a Saba, uma empresa de software de recursos humanos. Nozad vendeu alguns tapetes a Yazdani e pediu que ele recebesse um designer de chips que tinha uma ideia para uma startup. Por que Yazdani não recusou gentilmente o pedido? Ele explicou: "A nossa cultura é muito humilde. Estou falando de imigrantes e empreendedores do Vale do Silício. A gente chegou aqui só com a nossa família e a nossa educação. Então, quando um amigo pede para fazer alguma coisa, você faz. É uma cortesia, mas também uma disciplina".

Desde então Yazdani investiu em oito startups com Nozad. Com Yazdani como um "gancho", o dinheiro de Nozad passou a ser considerado mais atraente. Joe Lonsdale já tinha um sucesso em seu currículo quando participou de um jantar organizado por Nozad num restaurante persa. Ele tinha cofundado a empresa de data mining Palantir e tinha muitos pretendentes batendo à sua porta quando saiu da empresa para abrir seu segundo empreendimento, um serviço de tecnologia de gestão de fortunas privadas chamado Addepar. Nozad insistiu que Lonsdale se reunisse com ele e Yazdani. Ele delicadamente sugeriu que a reunião fosse realizada na casa de Lonsdale, em Los Altos. "Dá para aprender muito sobre alguém na casa dele", disse Nozad, confirmando a lição da época em que vendia tapetes. Ele também analisou a química entre Lonsdale e Yazdani. Quanto a Lonsdale: "Eu gosto do Pejman. E precisava do Bobby. Ele sabe como desenvolver uma startup. Eu não sabia como construir uma estrutura de gestão com o tempo".

Nozad também foi à caça de pessoas que pudessem ajudá-lo a entender o setor da tecnologia. Lou Montulli, um engenheiro e cofundador da Netscape, foi um de seus primeiros amigos no Vale do Silício. Em 1997, Montulli entrou meio que por acaso na loja de tapetes dizendo que tinha três tapetes de "uma ex-mulher e um decorador que acha que dinheiro dá em árvore". Ele queria lavar os tapetes ou, melhor ainda, se livrar deles. Nozad rapidamente o convenceu a comprar mais dois tapetes. Hoje ele tem vinte tapetes espalhados em várias casas. Nozad lhes mostrou teares antigos e vídeos de tecelões trabalhando e explicou a história da indústria iraniana de tapetes. "Ele me ensinou a apreciar a arte", disse Montulli, que apresentou a Nozad outros milionários da Netscape em busca de tapetes. Com o tempo eles passaram a conversar sobre tecnologia e Nozad se pôs a apresentar Montulli a empreendedores. "Parece que uma coisa não tem nada a ver com a outra, tapetes e startups. Mas ele estava tendo um fluxo de negócios surpreendente. Ele criou uma rede enorme, uma das chaves para conseguir ter sucesso nisso", disse Montulli.

A intuição de Nozad não era perfeita. Um dos melhores exemplos disso foi o fato de ele ter deixado escapar a chance de investir no Facebook; em vez disso, investiu na versão malfadada de uma rede social da Stanford, a Affinity Circles. ("Achei o e-mail de Sean Parker!", ele anunciou com um grito de triunfo ao acessar em seu iPhone um e-mail com potencial de entrar nos livros de história do Vale do Silício.) Mas em geral a sua trajetória estava se revelando formidável, com muitos de seus investimentos iniciais sendo devorados pelas gigantes da tecnologia a preços cinco vezes superiores, incluindo a Vudu, Vivu, Bix e Milo. Apesar de ainda faltar muito para ser considerado um homem abastado, ele estava vivendo o autêntico Sonho Americano. Foi então que notou dois jovens empreendedores, Drew Houston e Arash Ferdowsi, numa conferência da Y Combinator em 2007, levando a demo de um sistema de armazenamento de arquivos em nuvem que eles chamavam de Dropbox. Ele abordou Ferdowsi, passando uma cantada em persa e, em questão de dias, a dupla o visitava na loja de tapetes.

Escoltado à sala dos fundos para tomar chá persa e ouvir música, Houston tinha certeza de que só podia ser uma brincadeira. "Eu só estava esperando as câmeras escondidas serem reveladas", lembrou.

Mas, no dia seguinte, Nozad já tinha a feito a ponte entre a Dropbox e a Sequoia. Ligou para seu amigo Leone, que imediatamente enviou um e-mail a Houston pedindo uma reunião. "Ele foi o nosso maior incentivador e a gente tinha conhecido o cara naquela semana", acrescentou Houston. Dois dias depois, Mike Moritz, partner da Sequoia (aquele que disse que "sempre atende as ligações de Pejman") bateu à porta do apartamento de Houston e Ferdowsi para tomar a decisão final. Dois dias depois, Nozad incluiu-se delicadamente em um jantar regado a vinho na Pane e Vino, em São Francisco, onde Sameer Gandhi, partner da Sequoia (que depois foi para a Accel), Houston e Ferdowsi concordaram com uma rodada inicial de US$ 1,2 milhão.

Nozad mal disse uma palavra, mas deu um jeito de sair naquela noite com um pedaço da Dropbox para a Amidzad. "Foi ele que nos apresentou, e a gente queria fazer a coisa certa", diz Gandhi. Com base no valor da Dropbox em 2014, avaliada em US$ 9,6 bilhões, a participação da Amidzad deve estar valendo algo na casa dos US$ 150 milhões.

Enquanto Nozad perambulava por uma biblioteca com paredes revestidas de madeira na Stonebrook Court, uma mansão ao estilo Tudor de quase três mil metros quadrados de seu amigo Kelly Porter em Los Altos Hills, ao norte de San Jose, ele notou as terríveis pinturas do século 19 que cobriam as paredes. Uma chama acolhedora crepitava na lareira de mármore esculpido. "Dá para acreditar que isso está aqui?", Nozad perguntou. Ele deu uma espiada no salão para admirar o teto veneziano com pinturas do século 16. "Estou em contato com o pessoal da Lady Gaga. Quero dar uma festa aqui para todos os meus empreendedores. Não seria incrível?", ele disse. Não era um absurdo total, já que Nozad tinha investido na Backplane, a startup da cantora.

Porter trabalha em uma pequena consultoria especializada em fusões e aquisições. Ele estava meio que fazendo um favor a Nozad. Naquele mesmo dia, duas dúzias de banqueiros de investimentos e advogados contratuais se reuniram no salão de bailes da Stonebrook Court enquanto os diretores de desenvolvimento corporativo da Google, do Facebook, do Twitter e de outras importantes empresas anunciaram que estavam em busca de aquisições. São conversas informais como essas que impulsionam o Vale do Silício. Nozad foi convidado e solicitado a convidar alguns de seus empreendedores, inclusive um rapaz de 21 anos com cara de moleque que tinha acabado de largar a Stanford para fazer alguma coisa em pagamentos sociais. O garoto mal tinha uma empresa constituída.

Nos coquetéis, os convidados desmazelados de Nozad se juntaram como uma panelinha da escola, apesar de mal se conhecerem. Todos os outros usavam ternos escuros. "Eu ainda preciso me dar uns beliscões de vez em quando", disse Shane Hegde, o rapaz que largou a Stanford. "Para ver se eu não estou sonhando, se estou aqui mesmo, vivendo esta vida. Pejman é um excelente orientador."

Nozad acredita que Hegde é "brilhante" e investiu na Swap, sua startup nascente que ainda não decolou. No entanto, ele não forçou apresentações no sarau na Stonebrook. Quando um advogado de fusões e aquisições perguntou a Nozad o que ele faz, ele se limitou a responder que "investe em pessoas incríveis".

O negócio está ficando mais complicado. Antigamente, era um passatempo de ricos. Mas uma série dos chamados "superfundos-anjo", incluindo a Y Combinator de Paul Graham, a TomorrowVentures de Eric Schmidt e a SV Angel de Ron Conway, levantou centenas de milhões de dólares para se envolver com startups recém-lançadas, prometendo conexões e experiência juntamente com os cheques. "Muitos deles estão investindo em acordos demais", comentou um proeminente *venture capitalist*, tentando abafar o riso. "Essa história não tem como terminar bem para um monte de sujeitos de cabelos brancos que a essas alturas já deveriam ter aprendido a lição." Enquanto isso, as endinheiradas empresas de *venture capital* estão fazendo acordos menores para obter acesso antecipado a empresas promissoras.

Nozad não está preocupado. Ele pode oferecer aos empreendedores algo que os outros não podem. Certa vez, deu a um empreendedor o Mitsubishi Mirage de sua esposa. O cara tinha 21 anos, tinha acabado de se mudar de Israel e não tinha um tostão na carteira. Um ano depois, ele recebeu uma participação da startup daquele mesmo sujeito, ao lado da Sequoia. Em 2011, investiu na empresa de um cara para ele poder se mudar do Texas a Palo Alto. "Eu não gosto da ideia de negócio dele, mas o rapaz é brilhante", justificou Nozad. Está sempre organizando eventos para o centro estudantil persa da Stanford. O último foi uma turnê pela nova sede do Facebook. "Eles deveriam contratar todos esses jovens. Eles são inteligentíssimos!" E algum dia alguns deles vão abrir empresas e ligar para Nozad.

Algumas noites depois, Nozad reuniu sete de seus empreendedores em um salão fechado num restaurante ao estilo de Nova Orleans em Palo Alto. Três deles são iranianos. Depois de algumas taças de vinho, a conversa passou de modelos de negócios a histórias da família no país de origem. Eles contaram histórias de caravanas noturnas contrabandeando membros da família pelo deserto afegão e conversaram sobre os anos que passaram no limbo à espera de uma chance de morar num lugar melhor. Os olhos de Nozad se encheram de lágrimas quando ele descreveu uma viagem que fez ao Irã alguns anos atrás, acompanhado de sua esposa, com quem era casado há dezenove anos (sua namorada de infância no Teerã), e o casal de filhos.

Ele avançou muito na vida desde a época em que encantava funcionários públicos para receber a dispensa militar. Em 2010, Nozad decidiu investir separadamente da Amidzad. Ele ainda faz negócios com a família, mas a maioria dos acordos fecha sozinho, apostando do próprio bolso. "Percebi que meio que sou bom nisso", disse ele. "Eu queria me focar." Ele já garantiu vários golpes de sorte além da Dropbox, incluindo a Addepar, o site de redes sociais Path, a startup de caridade social Causes, uma empresa de games, a Badgeville, e o site de namoro Zoosk. Em 2013, foi ainda mais longe, abrindo uma nova empresa de *venture capital* com Mar Hershenson, um ex-empresário com doutorado em engenharia elétrica. Eles levantaram US$ 40 milhões para o fundo e investem em startups como a Sensor Tower, que faz software para facilitar o marketing direcionado, e a Washio, um app elegante que é o Uber da lavagem a seco. O ambicioso intermediário agora pode investir um bom dinheiro em seus acordos favoritos.

E ele continua vendendo tapetes. Abriu a própria galeria de tapetes de alto poder aquisitivo e trouxe o irmão para administrar o negócio. Nos Estados Unidos, onde tudo ainda é possível, parece que é assim que grandes fortunas são criadas.

CAPÍTULO TREZE

EVAN SPIEGEL, SNAPCHAT: UMA APOSTA DE US$ 3 BILHÕES

O que você diria de um rapaz de 23 anos, com uma empresa de receita zero e que rejeita uma oferta de aquisição de US$ 3 bilhões de Mark Zuckerberg? Ele pode ser considerado o empreendedor mais ousado desde... Zuckerberg. Ao rejeitar os bilhões do Facebook, Evan Spiegel, do Snapchat, tomou uma decisão que será esquadrinhada durante décadas. É revelador o fato de as pessoas não darem mais muita bola à idade de Spiegel — 20 é o novo 50 e é a ligação dele com o mercado adolescente, que descobriu o valor de fazer o passado digital desaparecer, ao estilo do Snapchat, que impulsiona a empresa.

No entanto, muitas pessoas, inclusive eu, ainda questionam sua maturidade. Veja uma história divertida para exemplificar isso: quando esta reportagem de capa da *Forbes* foi publicada pela primeira vez no início de 2014, Spiegel tuitou negando um comentário arrogante que ele teria feito sobre Zuckerberg e revelou uma troca de e-mails que parecia sustentar seu argumento. Mas então o repórter, **J. J. Colao**, apresentou uma gravação em áudio confirmando os comentários ofensivos de Spiegel. E revelou-se que a segunda metade da troca de e-mails com Zuckerberg, que Spiegel tinha cortado (não por acaso) também punha sua defesa por terra. Assim, com um único "golpe de mestre" de relações públicas, ele conseguiu se indispor com Zuck, com a *Forbes* e com uma multidão de observadores do setor da tecnologia que já estavam céticos. Um pequeno obstáculo no caminho para a glória? Ou uma anedota reveladora a caminho da infâmia nos negócios?

Em dezembro de 2012, Mark Zuckerberg, do Facebook, o jovem de vinte e tantos anos mais rico da história, abordou Evan Spiegel, do Snapchat, que supervisiona um app sem receita que faz fotos desaparecerem, com um convite enviado à conta de e-mail pessoal dele: "venha ao Menlo Park para a gente se conhecer". Spiegel, com 22 anos na ocasião e muito em comum com Zuckerberg, incluindo a própria batalha legal contra um colega de faculdade que o ajudou a abrir a empresa, acabou aceitando o convite... mas no território dele.

Usando como justificativa a possibilidade de se reunir com o arquiteto Frank Gehry para falar sobre projetos para a sede do Facebook, Zuckerberg foi a Los Angeles, a cidade natal de Spiegel, e providenciou um apartamento privado para o encontro secreto. Quando Spiegel apareceu com seu cofundador Bobby Murphy, que atua como diretor de tecnologia da Snapchat, Zuckerberg já tinha preparado a pauta. Ele sondou a visão dos fundadores para a Snapchat e descreveu um novo produto do Facebook, o Poke, um app para celular voltado a compartilhar fotos e fazê-las desaparecer. O app seria lançado em questão de dias. E para evitar qualquer dúvida, Zuckerberg logo trocaria o enorme letreiro no campus do Facebook no Vale do Silício do sinal de curtir ao ícone da Poke. Spiegel lembrou: "Foi basicamente como: 'A gente vai destruir vocês'".

Spiegel e Murphy voltaram imediatamente ao escritório e encomendaram seis exemplares, para seus seis funcionários, do livro *A arte da guerra*, de Sun Tzu.

A Snapchat representa a maior ameaça da história à existência do poderoso gigante que é o Facebook. Os adolescentes de hoje finalmente aprenderam a lição que seus irmãos mais velhos não entenderam: tudo o que você posta nas mídias sociais — o bom, o mau e o inapropriado — fica lá para sempre. Assim, eles estão se cadastrando em massa no

Snapchat, com sua tecnologia de detonação ao estilo *Missão impossível*. Segundo estimativas da *Forbes*, no início de 2014, 50 milhões de pessoas já usavam o Snapchat. A idade média dos usuários era de 18 anos. O Facebook, por sua vez, admitiu um declínio entre o público adolescente. A idade média dos usuários do Facebook está mais perto dos 40. Zuckerberg sabia disso, o que poderia explicar os métodos duvidosos que escolheu usar para vencer. Quando o Poke foi lançado, em 21 de dezembro de 2012, Zuckerberg mandou um e-mail a Spiegel dizendo que esperava que ele gostasse. Spiegel, que tinha desativado sua conta do Facebook, ligou freneticamente para Murphy para ver o que ele achava do app. Murphy respondeu melancolicamente que era uma cópia quase perfeita.

Mas algo curioso aconteceu a caminho da obsolescência. Um dia depois de ser lançado, o Poke chegou ao primeiro lugar na App Store do iPhone. Mas, em três dias, em 25 de dezembro, o Snapchat já tinha ultrapassado o Poke, impulsionado pela publicidade, enquanto o app do Facebook desapareceu da lista dos 30 apps mais baixados. Spiegel lembrou alegre: "Foi tipo, 'Feliz Natal, Snapchat!'".

Isso ajuda a explicar o que aconteceu no outono de 2013, quando Zuckerberg voltou a abordar Spiegel, basicamente pronto para se render em termos tão generosos, pelo menos no papel, que pareciam um absurdo: US$ 3 bilhões em dinheiro por um app de dois anos sem receita e nenhum cronograma para gerar receita. (O Facebook se recusou a comentar.)

Ainda mais absurdo, é claro, foi o fato de Spiegel ter recusado a oferta de Zuck. Foi a decisão de negócios mais comentada dos últimos anos, esquadrinhada inclusive com cálculos matemáticos de enlouquecer qualquer um. A *Forbes* estimou que tanto Spiegel quanto Murphy ainda detinham, cada um, cerca de 25% da Snapchat na época, o que significa que os dois estavam abrindo mão de US$ 750 milhões a mais na carteira. "Dá para entender o valor estratégico da decisão", disse um importante *venture capitalist*. "Mas será que vale US$ 3 bilhões? Não neste planeta."

As razões para a decisão, contudo, ficaram mais do que claras para qualquer pessoa que sabia da cartilha que Spiegel e Murphy compraram para sua equipe. O Capítulo 6 de *A arte da guerra* fala especificamente da necessidade de atacar um inimigo onde e quando ele se mostrar fraco. Spiegel e Murphy perceberam essa fraqueza e insistiram que, em vez de vender, o objetivo deles era subverter a hierarquia das mídias sociais, munidos de um financiamento de US$ 50 milhões, levantado em dezembro de 2013, a uma avaliação mais baixa (mas ainda estonteante) de pouco menos de US$ 2 bilhões. "Muito poucas pessoas no mundo conseguem criar um negócio como esse", diz Spiegel. "Não acho muito interessante trocar isso por algum ganho imediato."

Para quem está acompanhando a história, um "ganho imediato" para um rapaz de, na ocasião, 23 anos, que ainda morava na casa do pai, hoje equivale a três quartos de um bilhão de dólares. Ao optar pelo ganho no futuro, Spiegel deve se tornar o próximo grande prodígio bilionário — ou uma lição sobre o que não fazer, no que se refere à arrogância juvenil.

Um magrelo de 1,85 metro de altura, usando camisa, jeans de marca e tênis brancos, Evan Spiegel ainda não se livrou da casca de adolescente desajeitado. Na matriz da Snapchat em Venice Beach, Los Angeles, em sua primeira entrevista aprofundada para a imprensa, ele passava abruptamente de gargalhadas a olhares gelados, pegando sem parar punhados de balas de goma no formato de ursinhos e salgadinhos industrializados. A fala dele era crivada de uma abundância de "tipo", "tipo assim" e "de boa". E, apesar de Spiegel mostrar que tinha opiniões fortes sobre temas como política, música e colegas do setor da tecnologia, ele relutava em entrar até nos temas gerenciais mais básicos, como sua equipe de gestão ideal ou sua visão de longo prazo para a Snapchat.

Quem tiver paciência, contudo — uma das conversas com ele durou duas horas e meia —, conseguirá arrancar dele a história completa da "origem", uma história que tem uma bizarra semelhança com a de seu grande aliado/rival, Zuckerberg.

Como Zuck, ele cresceu em uma família relativamente privilegiada. O filho primogênito de dois advogados de sucesso (a mãe, Melissa, estudou Direito na Harvard e praticou direito tributário antes de Spiegel nascer, enquanto o pai, John, formado em Direito pela Yale, representou estrelas do calibre de Sergey Brin e Warner Bros.), Spiegel foi criado no afluente bairro de Pacific Palisades, em Los Angeles, a leste de Malibu. E, também como Zuck, no ensino médio foi um nerd que encontrou refúgio na tecnologia, montando seu primeiro computador na sexta série, fuçando no Photoshop no laboratório de informática da escola e passando fins de semana inteiros no laboratório de artes da escola do bairro. "O meu melhor amigo era o professor de informática, Dan", Spiegel contou, rindo.

No ensino médio, ele começou a exibir a ousadia que Zuckerberg apresentaria mais tarde, promovendo energéticos em clubes e bares e usando o divórcio dos pais como uma tática para alavancar seu poder de negociação. Foi morar com o pai quando este lhe deu carta branca para decorar o quarto como quisesse e para decidir quem ele poderia receber no quarto. "Fiz algumas festas que ficaram famosas", ele deu um sorrisinho malicioso. Mas quando papai se recusou a pagar pelo leasing de um 550i da BMW, foi morar com a mãe. Dias depois, o BMW estava na garagem dele. Desde então, tirando a época da faculdade, ele sempre morou na casa do pai, uma mansão de pedra a menos de um quilômetro do mar. "Muita coisa mudou muito rápido e é bom ter pelo menos essa constante na minha vida", ele disse, meio que para se justificar. "E também me força a ficar com os pés no chão."

Ele entrou no programa de design de produtos da Stanford e, em 2010, no segundo ano de faculdade, mudou-se para a fraternidade Kappa Sigma. Bobby Murphy, um veterano cursando matemática e ciências da computação, morava do outro lado do corredor. "A gente não era do tipo descolado", Murphy descreveu a fraternidade. "Então tentávamos fazer coisas para ser vistos como descolados."

Enquanto Spiegel fala animadamente, apesar de ponderar bem o que diz, Murphy, filho de funcionários públicos estaduais de Berkeley (a mãe dele emigrou das Filipinas), fica sentado placidamente, com uma perna enfiada sob a outra. "Eu diria que ele é quase um monge", disse David Kravitz, o primeiro funcionário da Snapchat. "Acho que nunca o vi nervoso." Na Stanford, foi Murphy que contratou Spiegel primeiro, recrutando-o para projetar uma rede social na internet inspirada no Google Circles. O projeto não deu em nada.

Mesmo assim, Spiegel estava chamando a atenção. Scott Cook, da Intuit, ficou impressionado com uma resposta que recebeu de Spiegel numa aula que foi convidado a dar no popular curso de pós-graduação de Peter Wendell, "Empreendedorismo e *venture capital*". "Quando a aula terminou, comentei sobre a inteligência e a lógica da resposta daquele aluno", disse Cook. "E o professor Wendell disse: 'Bom, você vai se surpreender, mas ele não é um estudante de MBA. Ele é um aluno de graduação e só está fazendo esse curso como um ouvinte'". Cook contratou Spiegel para trabalhar na Intuit em um projeto voltado a transmitir informações baseadas na web por SMS na Índia.

Spiegel, contudo, era ambicioso demais para se satisfazer no papel de aprendiz. Em meados de 2010, ele e Murphy desenvolveram o Future Freshman, um pacote de software on-line para ajudar pais, estudantes do ensino médio e orientadores escolares a administrar processos de admissão para a faculdade. "A ideia acabou se transformando em um site cheio de recursos", lembrou Murphy. O único problema foi que "a gente conseguiu, tipo, uns cinco usuários cadastrados no serviço", contou Spiegel.

Foi quando o destino, na forma de outro colega da fraternidade, Reggie Brown, bateu à porta de Spiegel para falar sobre uma foto que se arrependeu de ter mandado. Os eventos que se seguiram deixam o filme *A rede* mais parecido com um programa da TV Assembleia.

A propriedade da Snapchat ainda provoca discussões acaloradas, mas todo mundo parece concordar com a origem da empresa. Brown comentou algo como: "Bem que podia ter um app para mandar fotos que simplesmente sumiam depois de um tempo". Ele se recusou a receber a *Forbes*, mencionando litígios pendentes, mas seu lado da história é revelado em numerosos documentos judiciais, incluindo um depoimento vazado. De acordo com Brown, Spiegel ficou "fisicamente animado" e caracterizou repetidamente a observação de Brown como sendo "uma ideia milionária". (Spiegel admitiu que se empolgou, mas não quis comentar sobre a caracterização de "ideia milionária".) Naquela mesma noite, eles foram à caça de um desenvolvedor. Segundo Brown, dois candidatos recusaram o projeto. Mesmo assim, eles ficaram com Murphy, que tinha acabado de se formar.

As funções originais eram razoavelmente bem definidas: Murphy seria o diretor de tecnologia, Brown seria o diretor de marketing e Spiegel, o CEO, desenvolvendo a ideia no curso de design que ele estava fazendo. A primeira versão foi um website desajeitado que exigia que os usuários fizessem o upload de uma foto e definissem um timer antes de enviá-la. O momento heureca só veio quando a ideia migrou para o celular. "Chegou-se a um ponto em que foi tipo: 'Ei, o seu celular tem uma câmera... não ia ser mais fácil?'".

O curso culminou com uma apresentação a um grupo de *venture capitalists*. Brown teve a ideia de um nome para o app, Picaboo, e Murphy trabalhou dezoito horas por dia para conseguir fazer um protótipo funcional. "O feedback foi basicamente: 'Hmmmm. Bem, obrigado por nos mostrar o seu projeto'", lembrou Spiegel. Um investidor sugeriu que ele fizesse uma parceria com a Best Buy. Muitos se perguntaram por que alguém iria querer enviar uma foto propositadamente efêmera.

A primeira versão foi lançada na App Store do iOS no dia 13 de julho de 2011 e foi recebida com uma salva de... bocejos. "O conto de fadas do Instagram..." — que teve 25 mil downloads no primeiro dia — "infelizmente não se repetiu com a gente", Murphy comentou. A equipe tinha contornado uma falha potencialmente fatal — quem recebia a foto sempre poderia tirar uma captura de tela, transformando uma foto efêmera em permanente — ao incluir uma notificação caso a imagem fosse capturada, um poderoso inibidor social. Mesmo assim, no fim do verão, o Picaboo só tinha 127 usuários. Patético. Brown pensou em posicionar o app como uma ferramenta de sexting, mensagens com conteúdo sexual. ("Com o Picaboo, você e o seu namorado podem mandar fotos para olhar, não para guardar!", lê-se no rascunho de um comunicado de imprensa que ele escreveu.) Os pais de Murphy imploraram para ele conseguir um emprego de verdade. E Spiegel aparentemente começou a pressionar para agitar a equipe. De acordo com o depoimento judicial de Brown, ele ouviu Spiegel e Murphy conspirarem para substituí-lo.

A ruptura final aconteceu quando os direitos de equidade estavam sendo finalizados. Um mês depois, Brown, que tinha voltado para sua cidade natal na Carolina do Sul, ligou para os dois sócios e apresentou seus argumentos. Ele queria cerca de 30%, de acordo com o depoimento de Murphy, e relacionou suas contribuições: a ideia inicial, o nome Picaboo e o logo do fantasma, que acabou ficando famoso com o Snapchat. Spiegel e Murphy responderam que ele não merecia nem perto disso. Murphy lembrou que, quando Brown alegou que tinha "dirigido os talentos" de Spiegel e Murphy, Spiegel desligou o telefone, enfurecido. Spiegel e Murphy mudaram as senhas administrativas para acesso ao app e cortaram todo o contato, exceto alguns e-mails tensos sobre uma patente pendente. Brown estava fora, relegado a uma espécie de versão do Snapchat dos gêmeos remadores Winklevoss ou do brasileiro Eduardo Saverin. (Ironicamente, em sua batalha contra Brown, o

Snapchat contratou a mesma equipe jurídica contratada pelos Winkle-voss para processar o Facebook.)

Agora transformada em uma operação de dois homens, o Picaboo mudou o nome para Snapchat depois de receber uma ordem de cessação de uma empresa de foto-livros de mesmo nome. "Foi, tipo, a maior sorte do mundo", disse Spiegel. No entanto, mesmo quando ele e Murphy acrescentaram recursos para incluir legendas nas fotos, eles pareciam destinados a replicar sua experiência com o Future Freshman: um pro-duto tecnicamente competente mas que praticamente ninguém queria. Spiegel voltou à Stanford para concluir seu último ano; Murphy foi trabalhar como um programador na Revel Systems, uma empresa de sistemas de iPad para pontos de venda em São Francisco.

Mas, no outono, o Snapchat começou a dar sinais de vida. Quando o número de usuários se aproximou da marca dos mil, um estranho pa-drão se revelou: o app apresentava um pico de utilização entre as nove da manhã e as três da tarde — o horário escolar nos Estados Unidos. A mãe de Spiegel tinha mencionado o app para a sobrinha e os alunos da escola de Orange County correram para instalá-lo nos iPads distri-buídos pela escola, já que o Facebook tinha sido banido. Eles podiam passar mensagens virtuais durante as aulas e, melhor ainda, as provas do crime sumiam sozinhas. A utilização dobrou depois do Natal, quando os alunos ganharam iPhones novos e mais rápidos e o número de usu-ários teve uma alta em dezembro, para 2.241. Em janeiro, o número de usuários tinha chegado a 20 mil; e, em abril, a 100 mil.

Mas o crescimento veio acompanhado de um aumento das contas do servidor. Spiegel ajudou a cobrir parte das despesas com o dinheiro que tomou emprestado do avô e Murphy teve que comprometer mais da metade de seu salário. Com as despesas mensais se aproximando dos US\$ 5 mil, eles precisavam urgentemente de um resgate financeiro.

Jeremy Liew, da Lightspeed Venture Partners, chegou em seu cavalo branco. A filha de seu sócio contou que o Snapchat tinha ficado tão popular quanto o Instagram e o Angry Birds na escola dela, no Vale do Silício. Mas não foi fácil encontrar Spiegel e Murphy. O site não tinha informações de contato e não havia menção a eles no perfil da empresa no LinkedIn. Liew acabou fazendo uma pesquisa no "Whois" para en-contrar o dono do domínio da web, informou-se sobre a empresa obscu-ra que fora constituída em nome de Spiegel e finalmente o encontrou no

Facebook. "A foto do perfil dele era com o Obama", Spiegel comentou, dando de ombros. "Achei que dava para levar o cara a sério."

Em abril de 2012, a Lightspeed investiu US$ 485 mil, com a empresa avaliada em US$ 4,25 milhões. "Foi a melhor sensação que eu já tive na vida", disse Spiegel. "Nada vai conseguir superar aquilo." No dia em que o dinheiro entrou na conta, ele estava em uma aula de equipamentos de design atualizando sem parar o app da Wells Fargo em seu iPhone. Em uma homenagem final a Zuckerberg, quando o dinheiro finalmente caiu na conta, ele se levantou, foi até o professor e abandonou o curso e a Stanford, a poucas semanas de se formar.

A Snapchat mudou de escritório três vezes desde o investimento inicial e, no início de 2014, eles tinham crescido para setenta funcionários, um número ainda bastante enxuto. O mais recente escritório, ocupando um antigo estúdio de arte a uma quadra do calçadão de Venice Beach, mantém-se apropriadamente anônimo, identificado apenas com um pequeno logo do fantasma. A maior parte do desenvolvimento que transformou o app numa sensação viral, contudo, foi feita em 2012, quando a empresa ainda estava sediada na casa do pai de Spiegel. "Numa única conversa ele convenceu a gente a largar a Stanford e ir morar em Los Angeles", conta Daniel Smith, que foi contratado junto com Kravitz.

A equipe trabalhava direto, dormindo no trabalho. (Smith ocupava o quarto da irmã de Spiegel, decorado com tantos padrões de bolinhas laranja e rosa, Spiegel lembra, "que provocava um ataque de ansiedade em qualquer ser humano".) "Bobby gostava de inserir mudanças no código e ir dormir logo depois", disse Spiegel, que era forçado a se encarregar do debugging. "Eu acordava ele de manhã e era tipo 'Ah, meu Deus!'". Murphy acrescentou: "Ainda tenho pesadelos com ele descendo as escadas batendo os pés".

Aquele esquema se revelou estranhamente eficaz. Segundo Liew, da Lightspeed: "Eles não caem nas cascatas um do outro, o que melhora as ideias deles". O resultado foi um app que, em vez de ser uma ferramenta similar ao Facebook, na verdade tem o potencial de desafiá-lo. Parte por sorte e parte intencionalmente, o Snapchat resolve três bandeiras vermelhas do Facebook. Primeiro, é mais íntimo e exclusivo. Da mesma forma que o Facebook pegou a internet anônima e a condensou em pessoas de verdade que você conhece, o Snapchat reduz o seu mundo dos "amigos" do Facebook, que vão desde colegas de escola há muito esquecidos até tias importunas, à sua rede de contatos telefônicos. Em outras palavras, pessoas com quem você de fato fala.

Segundo, ele é visto como um app jovem e descolado. A maioria dos adolescentes provavelmente consegue encontrar um avô ou avó no Facebook. As origens do Snapchat, que já nasceu no smartphone, lhe dão credibilidade diante da geração dos app, que cada vez mais veem os PCs como os pais deles viram as TVs em preto e branco.

E na era de Snowden, de pais monitorando o Facebook dos filhos e da "pornovingança" (pessoas vingativas que postam fotos nuas de ex--amantes), a funcionalidade de autodestruição se tornou cada vez mais popular. "Não é um aplicativozinho bobo de mensagens", insistiu Liew. "As pessoas voltam no tempo, para uma época quando elas nunca tiveram de se preocupar com a autocensura."

Toda uma subindústria — a chamada mídia social efêmera, ou temporária — foi criada ao redor do Snapchat. Além do Poke (que praticamente sumiu), há o Clipchat (uma mistura de Snapchat com Twitter), o Wickr (mensagens de texto efêmeras) e dezenas de outros apps que expandem os limites da comunicação digital para reaproximá-la da época das ligações telefônicas — uma forma de comunicação com pouco risco de voltar para assombrar os usuários.

Nenhum desses apps, contudo, conseguiu alcançar Spiegel e Murphy, que desenvolveram o Snapchat para transformá-lo em um app divertido e fácil. (No entanto, em 2014, a Snapchat concordou com os reguladores federais em parar de prometer que as mensagens com certeza desapareceriam para sempre, diante de várias maneiras de burlar o app.) Para visualizar uma foto efêmera (um *snap*), os usuários mantêm um dedo sobre a tela do celular, um recurso criado para dificultar ainda mais que se fotografe a imagem com outra câmera. O vídeo efêmero passou a ser uma opção. E, apesar de os adolescentes terem recebido de braços abertos um meio de comunicação inacessível aos pais bisbilhoteiros ou futuros empregadores, os adultos já estão na cola deles. Ao todo, os usuários do Snapchat no início de 2014 enviavam 400 milhões de fotos e vídeos por dia, totalizando os uploads diários do Facebook e do Instagram juntos.

"A gente não investiu na empresa com a intenção de revendê-la", disse Mitch Lasky, um membro do conselho da Snapchat e partner da empresa de *venture capital* Benchmark Capital, que liderou a rodada de financiamento de US$ 13,5 milhões na Snapchat em 2013 (eles também levantaram US$ 60 milhões da Institutional Venture Partners)... e investiram no Twitter nos idos de 2009.

Em meio ao crescimento espantoso, avaliações bilionárias e discussões sobre um futuro independente, nota-se a falta de um ingrediente importantíssimo: receita. A Ásia nos apresenta um possível modelo. Lá, alguns serviços de mensagens móveis insanamente populares oferecem aos usuários a possibilidade de comprar conteúdos ou recursos adicionais "in-app", no próprio aplicativo. O discurso de Spiegel ao falar sobre a receita parece um roteiro memorizado: "Compras in-app seguidas de anúncios, esse é o nosso plano".

A análise de algumas das empresas mencionadas por Spiegel levanta mais perguntas do que respostas. O WeChat, da China, um gigantesco app de mensagens de propriedade da gigante chinesa da internet Tencent, incentiva os usuários a se cadastrar para receber mensagens de celebridades e comprar bens físicos. Mas o WeChat é principalmente um aplicativo de mensagens de texto, e as mensagens não desaparecem. O KakaoTalk, da Coreia, e o Line, do Japão, ganham a maior parte do dinheiro com jogos para celular, o que não parece ser uma combinação natural para o Snapchat. E, naturalmente, bens digitais, como pacotes premium de adesivos, emoticons e animações, também são verdadeiras fábricas de dinheiro na Ásia, apesar de Spiegel parecer desaprovar esse tipo de coisa. "Vai fazer sentido ao estilo do Snapchat", ele prometeu. "Mas a gente não vai vender adesivos."

A publicidade também não é tão simples. Os principais atrativos do Snapchat para conquistar usuários (a sua privacidade está protegida e as suas imagens desaparecem!) destroem a publicidade segmentada que fundamenta a maioria das empresas de mídia social (a Snapchat só sabe o endereço de e-mail, a idade e o número de telefone dos usuários e, além disso, os anúncios desaparecem!).

Mas a Snapchat tem uma vantagem que praticamente nenhum outro anunciante digital pode dizer que tem: um engajamento garantido. Os usuários precisam manter os dedos na foto ou no vídeo para visualizá-lo... o que também se aplicaria a qualquer anúncio exibido pelo app. A Snapchat pode dizer aos anunciantes com absoluta certeza se os anúncios foram visualizados, um ponto de dados raro no mundo orientado pelas métricas da publicidade digital.

Como o Facebook, a empresa também pode cobrar daquelas que quiserem criar contas de branding. A Acura, a Taco Bell e o time de futebol americano New Orleans Saints já usaram o aplicativo para lançar novos produtos e mostrar imagens dos bastidores. O recurso Histórias, que permite aos usuários exibir uma coletânea de snaps tirados nas últimas 24 horas, é interessante para as marcas que quiserem contar uma história mais longa. Por exemplo, a varejista on-line Karmaloop usou o recurso para mostrar clipes de modelos salpicados de códigos de desconto e novos produtos. Outros, como a rede de frozen yogurt Handles, fizeram experimentos com "cupons explosivos".

Spiegel e Murphy, que na época da faculdade demoraram para se adaptar às novas plataformas, também parecem ansiosos para não repetir o erro. Em setembro de 2013, por exemplo, o Snapchat foi lançado no smartwatch Samsung Galaxy Gear. "As pessoas ainda não pararam para pensar sobre casos de utilização nas novas plataformas informatizadas", explicou Thomas Laffont, diretor geral da Coatue, o fundo hedge que se encarregou da última injeção de fundos de US$ 50 milhões. "Com um toque na tela, você pode tirar uma foto, mais um toque e você pode compartilhar a sua foto. Imagine [a dificuldade de] tentar postar no Instagram usando um Google Glass."

Ah, o Instagram... O Poke de Zuckerberg pode estar nas últimas, mas ele ainda tem o mais recente app bilionário a sair dos fornos da Stanford. A venda de US$ 1 bilhão por Kevin Systrom em 2013 costuma ser mencionada como um argumento de que a Snapchat estava certa em recusar a oferta de bilhões do Facebook. (O Instagram provavelmente valeria dez vezes mais do que isso hoje.) Zuck partiu novamente ao ataque contra a Snapchat, dessa vez com um ajuste no Instagram, o Instagram Direct, uma imitação do Snapchat com uma importante diferença: as imagens só desaparecem se os usuários as deletarem.

Spiegel e Murphy também precisam enfrentar outra dor de cabeça: a ação judicial de Brown contra eles exigindo um terço da empresa, além de indenizações punitivas. "Queremos definitivamente mais do que um bilhão de dólares", disse Luan Tran, um dos três advogados de Brown. Os insiders afirmam que a Snapchat quer levar o caso ao tribunal, mas vídeos de depoimentos, que, pelo que podemos presumir, foram vazados pela equipe de Brown, mostram Spiegel e Murphy muito mais vagos e esquecidos do que seu oponente. "Só espero que a situação se resolva sem se transformar numa distração", disse Lasky, da Benchmark.

Os "adultos" foram mobilizados, inclusive Philippe Browning, vice--presidente de monetização, contratado da CBS, e a diretora de operações Emily White, arrebatada da divisão de negócios do... isso mesmo, do Instagram. No entanto, é revelador que a empresa tenha impedido a *Forbes* de entrevistar os dois.

Em vista desse cenário, por enquanto os céticos estão saindo na dianteira. "É quase uma fórmula encantatória ritualística quando esses negócios chegam a 50 milhões de usuários ativos por dia e as pessoas dizem: 'Bom, eles não estão gerando nenhuma receita'", Lasky explicou. "É injusto esperar que esses negócios gerem receita quando estão crescendo tão rápido." Para reforçar seu argumento, basta lembrar que o mesmo foi dito do Twitter e do Facebook. Mas a mesma ladainha também foi entoada pelos oráculos das pontocoms às vésperas da catástrofe quinze anos atrás. Será que a Snapchat definhará como a MySpace, sairá do jogo no auge de sua avaliação como aconteceu quando Mark Cuban vendeu a Broadcast.com ou se revelará a próxima grande IPO das mídias sociais? Esperamos uma resposta até 2016, exatamente quando Spiegel chegará à idade avançada de 25 anos.

CAPÍTULO QUATORZE

PALMER LUCKEY, OCULUS VR: A REALIDADE É VIRTUAL, MAS A FORTUNA É BEM TANGÍVEL

Quando a revista *Forbes* incluiu Palmer Luckey, um rapaz de 21 anos que gosta de mexer com videogames, na lista anual dos "30 com menos de 30" em janeiro de 2014, muitos leitores não conseguiram conter o riso. Tendo acabado de atingir a maioridade, Luckey tinha uma empresa sem qualquer receita e um produto que nem sequer tinha chegado a ser comercializado. Só um protótipo com um nome estranho: Oculus Rift. Menos de três meses depois, contudo, ninguém estava rindo. Mark Zuckerberg entrou com US$ 2 bilhões em dinheiro e ações para incluir a Oculus — ou, mais especificamente, o headset de realidade virtual — no guarda-chuva do Facebook. O que torna o sucesso de Luckey tão incrível não é sua idade precoce nem mesmo o potencial do "Rift" de revolucionar o modo como vemos o mundo. Na verdade, como **David M. Ewalt** mostra com muita habilidade, é o modo como ele conseguiu criar um valor incrível desenvolvendo o trabalho alheio sem pagar por isso e usar a carteira alheia para promover rodadas de *crowdfunding* sem distribuir qualquer participação. A era do empreendedorismo de código aberto se revela diante de nós.

O porão de carga do navio *Sevastopol* é escuro como o breu e simplesmente arrepiante. Alguma coisa pode estar à espreita e eu não tenho como saber. Caminhando entre pilhas de caixotes, eu paro para espiar em cada canto. Um barulho faz o meu coração parar. Tento me convencer de que é só água gotejando.

Eu nem precisaria ter ficado com tanto medo, porque sabia que se tratava apenas de um videogame, um demo de *Alien: Isolation*, um jogo de horror e aventura que estava prestes a ser lançado, baseado no filme clássico de décadas atrás. Mas eu também estava usando um headset de realidade virtual chamado Oculus Rift, e o Rift leva a experiência ao âmbito do real. O jogo preenchia todo o meu campo de visão; quando eu virava a cabeça para olhar ao redor, o mundo se movia comigo. Parecia que eu estava mesmo numa estação espacial, sendo caçado por aquelas mesmas criaturas que espreitaram Sigourney Weaver. E a sensação não era nada agradável.

Deu para ouvir outro ruído e me virei para ver uma grande e pesada porta deslizante se abrindo com um estrondo no fim de um corredor. Atrás da porta, vi uma criatura bípede agachada, do tamanho de um homem grande, coberta por um exoesqueleto preto e brilhante. Olhei, congelado, enquanto o alienígena se levantou, diminuindo a distância entre nós, e envolveu seus braços ao redor do meu corpo. Sua boca gotejante se abriu e maxilas internas saíram numa explosão na direção do meu rosto.

Um guincho involuntário de pânico escapou da minha boca. Atrás de mim — desta vez no mundo real —, ouvi uma risada. Palmer Luckey, o criador de 21 anos do Oculus Rift, estava me assistindo jogar. "Já pegaram você?", ele gargalhou. "Você não durou muito."

Luckey vinha se preparando para um jogo como esse desde que era um moleque... o que não fazia muito tempo. Ele começou a produzir headsets de realidade virtual quando tinha 16 anos. Aos 19, fundou sua empresa, a Oculus VR. E agora, finalmente com idade legal para beber, ele vendeu a empresa por US$ 2 bilhões ao Facebook, apesar de sua startup ainda não gerar receita na ocasião e nem chegar a ter um produto comercial. Mesmo assim, Zuckerberg decidiu desembolsar essa fortuna, uma quantia tão fantástica quanto o alien que me devorou, por uma simples razão. Ele acreditava que Luckey estava prestes a conseguir fazer o que gerações de tecnólogos antes dele tentaram sem sucesso: levar a realidade virtual para as massas.

O caminho para esse novo mundo teve início onde tantas histórias de sucesso modernas começaram, no que hoje em dia é considerado praticamente um clichê: uma garagem na Califórnia. Mas Palmer Luckey não era um recém-formado pela Stanford em dificuldades financeiras nem um refugiado das pontocoms. Ele era um adolescente obcecado, o mais velho de quatro irmãos, filho de um vendedor de carros de Long Beach e uma dona de casa. Ele estudava em casa e passava todo o tempo livre que tinha jogando videogame (o *Chrono Trigger* e o *GoldenEye 64* estavam entre os seus favoritos) ou vendo filmes de ficção científica (especialmente fantasias high-tech, como *Matrix* e *O passageiro do futuro*). Essas duas paixões o levaram ao mesmo lugar. "A realidade virtual está presente em tantas histórias de ficção científica que, mesmo se você não tiver um interesse especial na RV, se for um fã de sci-fi, acaba aprendendo muito a respeito", Luckey explicou. "Foi o que aconteceu comigo. Eu cresci pensando em como a realidade virtual era legal e achava que ela já devia existir em laboratórios militares secretos em algum lugar do mundo."

A ideia de displays de computador imersivos surgiu na década de 1960. Os primeiros protótipos de RV eram rústicos, volumosos e caríssimos, construídos principalmente para aplicações governamentais e militares, como simuladores de voo da força aérea. Na década de 1980, o boom dos computadores pessoais possibilitou pelo menos sonhar com headset menores e mais amigáveis ao consumidor e inspirou uma nova arte que romantizava os mundos virtuais: o interesse dos consumidores pela tecnologia decolou depois que o romance *Neuromancer*, de William Gibson, foi publicado em 1984 e atingiu o auge quando quase uma dúzia de filmes relacionados (incluindo *Johnny Mnemonic*, *Assassino virtual* e *Estranhos prazeres*) foi lançada em 1995.

No entanto, apesar de os filmes venderem ingressos, os produtos não deram em nada. Às vezes, os custos excessivos os matavam ainda na praia. No início dos anos 1990, a Hasbro investiu US$ 59 milhões e mais de três anos no desenvolvimento de um console e headset batizados de Home Virtual Reality System antes de abortar o projeto. John

O'Neill, o diretor financeiro, explicou à Associated Press que o preço final de US$ 300 do gadget inviabilizaria posicionar o produto no mercado de consumo.

O mais comum era a RV ser condenada devido a problemas técnicos. Em 1996, a Nintendo lançou um console de videogame de US$ 180 chamado Virtual Boy, mas não conseguiu cumprir a promessa de gráficos tridimensionais. O visor monocromático vermelho, a baixa resolução do headset e a utilização de espelhos que vibravam em alta velocidade provocavam nos usuários dores no pescoço, tontura, náusea e dores de cabeça. A Nintendo vendeu menos de 800 mil unidades e descontinuou o produto um ano depois.

O adolescente Luckey saiu à caça de evidências dessa tecnologia oculta. Ele vasculhou no eBay ofertas de equipamentos de RV obsoletos e abandonados e aos poucos foi acumulando uma coleção impressionante. Em uma ocasião, ele comprou um headset de US$ 97 mil por apenas US$ 87. Para bancar a brincadeira, aprendeu sozinho a mexer com eletrônica básica e ganhou US$ 30 mil comprando iPhones quebrados, consertando-os e revendendo-os com lucro.

Com base nesses equipamentos fracassados, Luckey criou algo novo. "Eu modificava bastante os equipamentos eletrônicos, usando lentes novas, tentando instalar as lentes de um sistema no outro", contou. "E criei muita porcaria."

Com o tempo, ele foi melhorando. Em 2009, com 17 anos, Luckey começou a construir o PR1, ou Prototype One. "O sistema óptico inteiro foi customizado para aquele display montado na cabeça", ele descreveu. Enquanto isso, entrou na faculdade e, tendo feito o ensino médio em casa, decidiu estudar perto de casa, optando pela Cal State, em Long Beach, no curso de, quem diria... jornalismo. ("Eu queria ser um jornalista do setor da tecnologia, alguém que soubesse como a tecnologia funciona.")

Continuou trabalhando em seus sistemas de RV no tempo livre e, no verão de 2011, conseguiu um bico para trabalhar com o pioneiro da realidade virtual Mark Bolas em seu laboratório no Instituto de Tecnologias Criativas da Universidade do Sul da Califórnia. "Sem o Mark, o Oculus não existiria", disse Jaron Lanier, cientista da computação que popularizou o termo "realidade virtual". Bolas e seus alunos passaram anos trabalhando no hardware e no software para headsets de VR e todas as inovações deles eram de código aberto. Luckey absorveu o conhecimento e a tecnologia deles e os aplicou no próprio trabalho.

Em abril de 2012, Palmer Luckey, então com apenas 19 anos, concluiu o sexto protótipo de seu equipamento caseiro de RV. Batizou-o em homenagem à lacuna que esperava fechar entre o mundo real e o virtual: Rift ("fosso", em inglês).

O sucesso prodigioso de Palmer Luckey não teria sido possível nem mesmo uma geração antes. A vantagem inicial de ter à sua disposição um grande volume de conhecimento de código aberto lhe possibilitou começar bem à frente, de graça e sem legalmente dever nenhum centavo a ninguém. Em seguida, ele acionou o poder da multidão para ir fazendo ajustes pelo caminho, colaborando em grupos de discussão como os fóruns de um site chamado MTBS3D, sigla de "Meant to Be Seen in 3D", algo como "feito para ser visto em 3D". Todos os seus seis protótipos foram criados com a ajuda desses entusiastas da internet e, por sua vez, com frequência Luckey ajudava outros integrantes do fórum a resolver problemas técnicos.

Pelo menos um desses membros do fórum não era um amador qualquer em busca de um hobby. John Carmack chamou a atenção no negócio de videogames pela primeira vez quando cofundou a id Software em 1991. Ele passou a década seguinte consolidando uma lendária reputação atuando como o programador-chefe de jogos como *Quake* e *Doom*. Em abril de 2012, postou um pedido de ajuda para modificar um *head- -mounted display* da Sony. Luckey lembra: "Conversamos por fórum, em público, sobre as dificuldades da proposta... e umas duas semanas depois ele me enviou uma mensagem privada me perguntando se poderia comprar ou tomar emprestado um dos meus protótipos".

Luckey enviou um de seus Rifts. Dois meses depois, na E3, a exposição anual do setor de videogames em Los Angeles, Carmack apresentou a demo de uma versão do *Doom 3* no hardware e se rasgou em elogios ao dispositivo a quem quisesse ouvir. A notícia do headset de Luckey se espalhou rapidamente. Brendan Iribe, então diretor de produto da empresa de streaming de games Gaikai, o procurou para assistir a uma demonstração e ficou tão impressionado que se ofereceu para investir na hora. Em julho de 2012, com algumas centenas de milhares de dólares do dinheiro de Iribe como capital semente, a Oculus VR nasceu.

O *crowdsourcing*, contudo, foi apenas o começo. Em 1 de agosto de 2012, Luckey lançou uma campanha para arrecadar fundos para construir um novo protótipo e colocá-lo nas mãos de desenvolvedores de software. Ele escolheu o Kickstarter, um site que ajuda as pessoas a financiar projetos pelos quais elas são apaixonadas, como documentários, protótipos de invenções, o que for.

Na época, os doadores eram proibidos de receber participações devido a leis de valores mobiliários (a lei JOBS, criada para encorajar o financiamento de microempresas norte-americanas, flexibilizou as regras do *crowdfunding* em 2013). Em vez disso, eles em geral ganhavam algum brinde, como uma camiseta ou o produto que estavam ajudando a desenvolver.

"Se eu for um investidor, quais são as chances de eu querer investir neste produto, por mais legal que pareça, diante de tantos projetos fracassados de realidade virtual?", Luckey disse. "Acho que teria sido muito difícil conseguir qualquer outro investimento... mas, com o Kickstarter, as pessoas não estão querendo um grande retorno financeiro, só querem aquilo que você está fazendo."

De acordo com as regras da campanha de arrecadação de fundos de Luckey, quem doasse pelo menos US$ 300 poderia receber um protótipo do Rift, que eles poderiam usar para desenvolver algum software para a plataforma. Luckey sabia que os apaixonados pela RV criariam uma boa demanda, mas se preocupava com a possibilidade de a comunidade ainda não ser grande o suficiente, de modo que determinou uma meta relativamente modesta para a campanha: US$ 250 mil.

Quando o público viu o Rift em ação — e ouviu depoimentos de celebridades dos videogames como John Carmack, Gabe Newell, cofundador da Valve, e Cliff Bleszinski, diretor de design da Epic Games —, os temores de Luckey foram por terra. O Kickstarter excedeu a marca dos US$ 250 mil em menos de duas horas.

No primeiro dia da campanha para levantar fundos, Luckey estava em Dallas, Texas, na convenção anual de games QuakeCon, apresentando demos do Rift para os gamers interessados. "O nosso estande devia ser o menor de toda a convenção", lembra Luckey. "A gente não tinha nenhuma placa nem banner, só uma mesa preta. E passamos o fim de semana todo com uma fila de mais de duas horas de espera. Foi quando a ficha caiu: 'Vai ser uma coisa enorme. As pessoas comuns estão interessadas na realidade virtual, não só a gente, os nerds malucos da ficção científica'."

Com o enorme sucesso da campanha no Kickstarter — depois de trinta dias, o projeto recebeu US$ 2,4 milhões de 9.522 doadores — ficou claro que a empresa Oculus VR teria futuro. E Luckey, ao contrário de outros prodígios, sabia que tinha suas limitações como executivo. Brendan Iribe, seu investidor inicial, tornou-se o CEO. Pouco tempo depois, John Carmack saiu da ZeniMax Media para assumir como diretor de tecnologia. O cargo de Luckey seria apenas de "fundador" e ele manteria uma função mais geral, atuando como garoto-propaganda da realidade virtual.

O sucesso da campanha no Kickstarter proporcionou mais do que investimentos iniciais (investimentos estes que não levavam a qualquer diluição, além do compromisso de produzir e enviar centenas de protótipos). O sucesso transformou Luckey, e a Oculus, em celebridades no mundo dos videogames. Em eventos como a South by Southwest e a Game Developers Conference, os participantes continuaram esperando horas na fila para ver demos do Rift.

Os *venture capitalists* também entraram na fila. Em junho de 2013, a Oculus fechou uma rodada de financiamento de Série A de US$ 16 milhões liderada em conjunto pela Spark Capital e pela Matrix Partners, com a participação da Founders Fund e da Formation 8. A empresa foi avaliada em US$ 30 milhões. Seis meses depois, a Andreessen Horowitz liderou uma rodada de Série B de US$ 75 milhões, com capital adicional de todas as quatro empresas de VC originais a uma avaliação estimada na faixa dos US$ 300 milhões.

"O sonho da RV já existia há tanto tempo que a maioria das pessoas da comunidade de tecnologia já tinha desistido dele", segundo Chris Dixon, um partner da Andreessen Horowitz. "Quando conhecemos Palmer, vimos que ele não só continuava acreditando no sonho, como também sabia como unir todas as tecnologias relevantes para transformá-lo em uma realidade."

Muitos consideraram pura euforia avaliar o protótipo de um headset de um jovem de 21 anos em US$ 300 milhões. Em questão de semanas, contudo, o investimento se revelou um golpe de mestre. Mark Zuckerberg, do Facebook, tinha abordado Luckey ao seu estilo preferido, por e-mail, alguns meses antes. Os dois prodígios, o mais velho e o mais jovem, conversaram bastante sobre tecnologia e ficção científica e Zuck foi ao escritório da Oculus para experimentar o Rift.

"A gente começou conversando com o Zuckerberg porque a gente queria mostrar o nosso produto", conta Luckey. "Ele é um grande fã da realidade virtual e acho que acredita na nossa visão, de que todo mundo um dia vai ser exposto à RV." Zuck, por sua vez, disse a Luckey e a Iribe que eles podiam ter deparado com a próxima geração da computação, uma maneira completamente nova de as pessoas se comunicarem, em vez de apenas um novo caminho para chegar ao Facebook.

Um mês depois daquela visita, as duas equipes passaram uma semana negociando os termos de um acordo que acabou totalizando US$ 2 bilhões, inclusive US$ 400 milhões em dinheiro, ações do Facebook para completar a quantia e mais US$ 300 milhões em incentivos. Luckey estava nas nuvens com a credibilidade que o Facebook poderia trazer. "Eu nunca levei muita fé na Oculus", revelou Michael Pachter, analista da Wedbush Securities. "Mas aí o Facebook entrou em cena. O Facebook está analisando o hardware como uma plataforma para fazer outras coisas além de jogos — talvez instrução, ensino — e vai contratar terceiros para desenvolver o conteúdo. Agora a Oculus vai poder ir atrás de uma estratégia mais ampla, bancada por uma gorda conta bancária."

Com efeito, essa "gorda conta bancária" também foi um fator de peso. "Digamos que você quer vender um milhão dessas coisas", disse Luckey. "Isso significa que você vai precisar ter algumas centenas de milhões de dólares esperando para fabricar os produtos." O Facebook, em outras palavras, tinha o poder de disponibilizar a tecnologia da RV para as massas.

Ele também tinha o poder de enriquecer Luckey. A *Forbes* estima que Luckey detinha cerca de 25% da Oculus VR, ou seja, o jovem de 21 anos de repente passou a valer mais de meio bilhão de dólares.

Então, por que a realidade virtual ainda não é uma realidade? Para começar, uma ação judicial. A ZeniMax alegou, em maio de 2014, que seu ex-funcionário, John Carmack, deu à Oculus informações sigilosas (a Oculus nega as acusações).

Em segundo lugar, a concorrência. Em março de 2014, a Sony anunciou que estava desenvolvendo o próprio headset de RV, que recebeu o codinome de Projeto Morpheus, para seu PlayStation 4. "Antes de mais nada, vemos a iniciativa como outra maneira de agregar vitalidade e valor ao ecossistema do PlayStation", explicou Andrew House, presidente e CEO da Sony Computer Entertainment. "A RV está em alta, e não só para os games. Os não gamers também estão interessados."

Enquanto isso, a Google e a Amazon estão de tocaia para ver o que acontece. Até o momento, a Google tem demonstrado mais interesse na realidade — incluir displays de computador no mundo real, à la Google Glass — do que em mundos totalmente virtuais. A Amazon prefere não comentar o assunto, mas shoppings virtuais são uma das aplicações mais óbvias e promissoras da RV. Por exemplo, em vez de ver uma foto bidimensional de um produto, você poderia usar um headset de RV para manusear o produto, brincar com ele ou testá-lo.

Um possível obstáculo final: em 1985, o cientista da computação Jaron Lanier largou o emprego na Atari para fundar a VPL Research, a primeira empresa da história a vender um headset de RV. A empresa abriu falência dois anos antes de Palmer Luckey nascer. "Os acontecimentos recentes são bizarros para mim, de um jeito que o pessoal da Oculus nem conseguiria imaginar, no sentido de que muitos dos designs, das manchetes, das pequenas intrigas e dos rumores são muito parecidos com o que eu vivi trinta anos atrás", Lanier comentou. "Tudo o que posso dizer é que desejo ao sr. Luckey todo o sucesso do mundo."

Luckey está sabendo desse fracasso... e de muitos outros. Dessa vez, contudo, ele acha que a tecnologia está finalmente pronta. "Acho que ainda não existe qualquer produto comparável", disse Luckey. "Temos a melhor equipe da indústria de realidade virtual, temos muitos dos melhores talentos da indústria de games, temos grandes parcerias com fabricantes de hardware e desenvolvedores de jogos. Acho que estamos a caminho de fazer o melhor hardware de realidade virtual do mundo... e acho que o produto para o consumidor estará bem à frente de qualquer coisa que qualquer outra empresa será capaz de fazer nos próximos anos."

E, mesmo se não for o caso, Luckey está decidido a realizar seu sonho. Em 2014, a Oculus entrou em modo de aquisição, adquirindo o Carbon Design Group, um estúdio de design de produtos de Seattle, e a RakNet, um motor de networking de games que, curiosamente, é de código aberto. Dinheiro não é mais problema para Luckey. E ele sem dúvida tem tempo para isso. "Não sei se todo mundo vai ter um headset daqui a cinco anos", ele disse. "Mas eu vou continuar até isso acontecer ou até eu morrer."

CAPÍTULO QUINZE

ADI TATARKO, HOUZZ: CHUTANDO A PORTA DO CLUBE DO BOLINHA

O Vale do Silício tem um problema de escassez de mulheres. O número de startups do setor da tecnologia lideradas por mulheres é patético quando comparado com o talento potencial. E a cultura do "clube do Bolinha", um subproduto deplorável de um local e um momento nos quais os jovens homens reinam supremos, pode ser ainda pior. É isso que faz de Adi Tatarko uma figura especialmente interessante. Sim, ela e o marido, com muito menos pompa que seus colegas, acumularam rapidamente uma fortuna pessoal que se aproxima de US$ 1 bilhão graças ao Houzz, o proeminente site de design de interiores. Mas **George Anders** conta em detalhes como Tatarko enfrenta obstáculos e dilemas que passam despercebidos pelos colegas do sexo masculino.

As startups do Vale do Silício tendem a se originar nos ambientes rústicos dos engenheiros do sexo masculino: garagens, quartos de fraternidades ou dinâmicas incubadoras do setor da tecnologia. Adi Tatarko criou o Houzz, uma comunidade de design de interiores na internet avaliada em 2014 em mais de US$ 2 bilhões, sentada num pufe no quarto dos filhos.

Ela e o marido, o engenheiro de software Alon Cohen, queriam reformar a cozinha e construir um quarto a mais em sua ensolarada casa de campo de três quartos em Palo Alto. Mas, mesmo depois de dois anos e meio folheando revistas e se reunindo com arquitetos, eles continuavam perplexos e ficaram especialmente frustrados ao perceber que não existia na internet um site especializado em ideias de design. E foi assim que o casal decidiu abrir o próprio site. Ele trabalhava na programação do site num canto ao lado da cozinha. Ela digitava freneticamente o conteúdo, convencendo uma ex-editora da revista *Sunset*, Sheila Schmitz, a ingressar na empreitada. Schmitz lembra que, em um dos primeiros bate-papos delas, nos idos de 2009, Tatarko sentou-se naquele pufe e explicitou a filosofia orientadora de um site que ignoraria todas as fórmulas testadas e comprovadas dos outros sites de e-commerce e blogs opinativos a favor de uma abordagem dissidente que incentivaria a atividade inocente de olhar vitrines. Cinco anos depois, o Houzz era um dos duzentos sites mais visitados nos Estados Unidos, à frente de nomes do calibre da revista *People*, da United Airlines e da CNBC.

A estratégia vendida com delicadeza, sem qualquer pressão, na casa da família foi um início incomum. Mas a Houzz é uma empresa incomum. Das 150 maiores empresas do Vale do Silício em 2013, de acordo com um estudo conduzido pelo escritório de advocacia Fenwick e West, mais de 43% nem chegavam a ter uma mulher no conselho de administração (em comparação com apenas 2% das empresas do S&P 100) e mais de 45% não tinham uma única executiva do sexo feminino (o S&P 100 tinha apenas 16%). E o que dizer dos fundadores da empresa? Uma pesquisa aproximada sugere que apenas uma em cada vinte startups financiadas por *venture capital* é liderada por uma mulher e as que conseguem decolar levantam talvez apenas dois terços dos fundos em comparação com as startups encabeçadas por homens. Parte dessa tendência negativa tem raízes no sistema educacional que dissuade as meninas de se dedicar às ciências e à matemática. Outra parte resulta da cultura do clube do Bolinha geek do Vale do Silício. No entanto, tudo isso parece só beneficiar Tatarko, um tornado verborrágico que tem menos chances de perder o microfone do que o mais tagarela homem de voz grossa. Para a CEO da Houzz, o fato de ela ser mulher a ajuda a entender seu mercado e a criar uma cultura ao mesmo tempo impetuosa ("Ela não tem fronteiras", sussurra um de seus investidores homens) e inclusiva (ela serve bolo no aniversário de cada um de seus duzentos funcionários).

"Sou mulher, então sou mais emotiva", disse a CEO de 41 anos. "Preciso das coisas aqui e agora." Seus funcionários às vezes imitam Tatarko, declarando alguma nova e grandiosa meta de negócios, enquanto seu marido de 43 anos, o presidente e diretor de tecnologia, se queixa de ela ter feito promessas demais. Esses esquetes (e a realidade) sempre terminam do mesmo jeito. O prazo chega, o desempenho da Houzz supera até a ambiciosa previsão de Tatarko e a CEO se levanta para declarar, jubilosa: "Nós conseguimos, apesar de Alon ter dito que não seríamos capazes!".

Não é coincidência que uma das empreendedoras de maior sucesso dos Estados Unidos no setor da tecnologia tenha vindo de Israel, um país justificadamente apelidado de a "Nação das Startups", que apresenta um dinamismo tecnológico em parte impulsionado pela formação e pela maturidade forjadas no serviço militar obrigatório do país, que inclui tanto homens quanto mulheres. Crescendo em Israel na década de 1980, Tatarko se inspirou na mãe, que trabalhava como corretora de imóveis, e na avó, que passou décadas atuando como uma importante designer de moda, tendo viajado sozinha a Paris para expor suas roupas numa época em que as mulheres simplesmente não faziam esse tipo de coisa. "Lembro que eu ia à casa da minha avó e ficava fascinada ao ver como ela conseguia fazer tantos malabarismos", lembrou Tatarko. "Toda a família a apoiava e eu morria de orgulho dela."

Tatarko se formou em estudos internacionais na Universidade Hebraica de Jerusalém em 1996, com vagos planos de viajar para o exterior e "transformar lugares feios em belos". Perambulando pela Tailândia com duas amigas, ela acabou numa viagem de ônibus de quinze horas de Bangcoc à ilha de Koh Samui. ("A gente não tinha dinheiro para ir de avião", ela lembra.) Ela se sentou na frente do ônibus, afastando-se dos três jovens israelenses sentados nos fundos. Mas o motorista queria manter os bancos da frente vazios e a puxou para os fundos, depositando-a ao lado de um moço alto e ruivo, Alon Cohen.

"Passamos a viagem toda conversando sem parar", Tatarko conta. "Foi como quatro encontros românticos seguidos, um depois do outro. Foi maravilhoso." Eles passaram o resto das férias juntos. Quando voltaram a Israel, abriram juntos uma pequena empresa de serviços de tecnologia, a PROmis Software. Em 1998, eles se casaram e, logo depois, se mudaram para Nova York, onde os dois tinham oportunidades profissionais melhores. E continuaram avançando para o oeste. Em 2001, já estavam no Vale do Silício, onde Cohen tinha conseguido um emprego de engenheiro na eBay.

Cohen acabou liderando equipes de engenharia e trabalhando em todo tipo de projeto, desde estratégias de monetização até interfaces de programação de aplicações, ou APIs, que facilitam para as pessoas de fora trabalhar com os dados do eBay. Tudo o que ele aprendeu no emprego acabaria ajudando a acelerar o Houzz. As ambições de Tatarko ficaram em segundo plano. Seu primeiro filho nasceu em 2002, seguido de mais dois. Ela trabalhou em meio período como uma consultora de investimentos para a Commonwealth Financial, orientando clientes sobre como administrar o dinheiro.

Com o tempo, o Houzz começou a tomar forma, comprovando a verdade essencial desta nova corrida do ouro: mesmo depois de uma debandada de vinte anos para criar startups na internet voltadas aos consumidores, não faltam grandes oportunidades inexploradas a serem encontradas. O nicho mais rico deste mais recente boom digital envolve sites de comunidades como o Pinterest e o Twitter, que entram para fazer a ponte entre os curiosos e os compartilhadores. Startups como essas são irremediavelmente inadequadas para gerar receitas no começo. Mas, se conseguirem crescer e atrair milhões de usuários, todas as oportunidades tradicionais de vender anúncios, dados e produtos se apresentam naturalmente. Com US$ 150 bilhões gastos anualmente em reformas domésticas só nos Estados Unidos, a Houzz foi um exemplo especialmente rentável dessa dinâmica.

A nova empresa começou sem ninguém perceber em 2006, quando Cohen comprou os direitos do domínio www.houzz.com por US$ 20. "A gente queria um nome de domínio de cinco letras que tivesse alguma coisa a ver com reformas e decoração de interiores", ele explicou. A opção mais óbvia, www.house.com, já tinha sito tomada há muito tempo. Mas ele e Tatarko decidiram que a mistura que eles bolaram daria certo. Eles combinaram os termos "house" e "buzz" para dar um toque espirituoso na coisa — pelo menos era o que eles esperavam. O casal praticamente não usou o nome de domínio até 2008. Foi quando Tatarko começou a colecionar fotos de designers e perguntar a outros pais na escola dos filhos se eles não teriam interesse em dar uma olhada em fotos de reformas e designs de interiores.

Pense no Houzz como a vitória dos inocentes. O site não insiste em identificar tendências, como faz uma revista de arquitetura, e não exorta as pessoas: "Compre agora", como um grande site de e-commerce faria. Mas essas ausências implicam que o Houzz evita os egos e a agressividade que normalmente assolam o design de interiores. O Houzz é um refúgio para os exploradores, permitindo que as pessoas naveguem pelo site pelo tempo que quiserem, refinando aos poucos suas preferências e definindo seus orçamentos até poderem dizer com confiança: "É isso aqui que eu quero".

Apesar de no começo o tráfego ser proveniente principalmente da Baía de São Francisco, o site não demorou a atrair o público global. Ainda mais inesperadamente, arquitetos e designers de interiores começaram a flertar com Tatarko e Cohen, do nada, querendo postar álbuns de fotos e dando ao site um estoque aparentemente ilimitado de conteúdo e ideias de graça. "O Houzz se transformou numa ferramenta para os arquitetos se comunicarem com os clientes, do mesmo modo como um lápis ou uma régua T são ferramentas da arquitetura", explicou Richard Buchanan, um arquiteto de alto poder aquisitivo da região da Filadélfia, que logo percebeu quando os clientes começaram a aparecer em seu escritório com pequenos "IdeaBooks" digitais do Houzz.

Em 2009, o casal se viu diante de uma encruzilhada. O Houzz não podia mais ser um hobby de fim de semana. A empresa de rápido crescimento já precisava de vinte servidores para manter a carga de dados esperada. Precisava de engenheiros e editores trabalhando em período integral. O Houzz também precisava de muito mais dinheiro do que os US$ 2 mil mensais que Tatarko e Cohen injetavam a conta-gotas.

A quem recorrer? "A gente morria de medo dos *venture capitalists* na época", Cohen lembrou. Ficou claro que o casal poderia gerar um pequeno lucro rapidamente enchendo o site de anúncios ou criando alguns recursos pay-to-see que dificultariam para arquitetos e clientes fazer a ponte sozinhos. Mas eles não queriam seguir por esse caminho. Tatarko era especialmente inflexível. Ela queria passar pelo menos um ano ou dois transformando o Houzz no site mais amigável e mais simples possível antes de se preocupar com o modelo de negócios. Nenhum dos fundadores queria aceitar um investimento de um financista que teria o poder de forçá-los a colocar os lucros à frente da qualidade.

A segurança chegou na pessoa de Oren Zeev, um investidor-anjo do Vale do Silício indicado a Tatarko e Cohen por um conhecido israelense. Ele prometeu aos fundadores do Houzz que eles ficariam no comando. Ele se limitaria a procurar maneiras de concretizar a visão deles. Em novembro de 2009, ele liderou um consórcio de investidores que adquiriram uma participação de 35% do Houzz por US$ 2 milhões. Outros investimentos se seguiram, inclusive mais de US$ 1 milhão de David Sacks, o fundador da ferramenta de produtividade de escritório Yammer, que conheceu o Houzz quando estava fazendo uma reforma completa numa casa em São Francisco. "A gente começou a ver as fotos e não conseguiu parar", ele lembrou.

Aqueles investimentos se comprovaram bastante astutos. A Houzz não divulga seus resultados operacionais, mas quem conhece seus livros contábeis diz que a empresa opera com uma taxa de queima de capital bem moderada desde 2011, apesar de se limitar a tentativas modestas de rentabilizar o negócio. O site poderia pegar uma fatia da receita proveniente de transações comerciais ou de indicações e poderia intensificar as ações atualmente tímidas de exibir anúncios preferenciais. Hoje, milhares de arquitetos e designers pagam cerca de US$ 2.500 por ano por anúncios premium nos diretórios regionais do Houzz. "Não acho que a gente conseguiria tantos clientes de qualquer outro jeito", disse Mike Close, que dirige a Spinnaker Development, uma construtora de luxo de Orange County, Califórnia. "Na verdade, agora estamos atualizando o nosso perfil no Houzz antes mesmo de atualizar o nosso próprio site." Eles poderiam expandir sua presença entre grandes fabricantes e varejistas, sendo que empresas do porte da Ikea e da Kohler já estão a bordo.

Em vez disso, continuam focando a qualidade do site. E fica claro que os investidores acreditam que essa estratégia vai render frutos. Tatarko e Cohen levantaram quase US$ 200 milhões em *venture capital*, culminando numa rodada de US$ 150 milhões negociada no primeiro semestre de 2014. "Nós gostamos de fundadores que criam empresas para resolver os próprios problemas, mesmo se não forem especialistas no assunto", diz Alfred Lin, um partner da Sequoia Capital, que liderou um investimento de risco inicial no Houzz em 2011. "Eles 'desmontam' os problemas de um jeito que o pessoal do setor nunca conseguiu fazer. Veem coisas que ninguém mais vê."

Uma visão como essa pode se revelar extremamente lucrativa. Essa rodada mais recente coloca a avaliação da Houzz perto dos US$ 2,3 bilhões. A participação de Tatarko e Cohen provavelmente se aproxima da marca do US$ 1 bilhão.

Ninguém pergunta aos executivos homens como eles equilibram a vida pessoal e a vida profissional. Mas quando Tatarko, enquanto liderava uma das startups de mais rápido crescimento do mundo, teve o terceiro filho em 2013, não foi fácil para ela. "Estou tentando, estou tentando!", exclamou Tatarko em um ponto, no meio de uma entrevista principalmente sobre a Houzz, depois de observar para si mesma: "Tomara que eu esteja fazendo a coisa certa".

"Tem coisas que eu não tenho mais como fazer. Eu costumava cozinhar toda noite. Agora temos uma cozinheira que prepara as minhas receitas para a gente." Ela está lendo romances do Harry Potter para o segundo filho antes de dormir, como um agrado para os dois, e lembra disso com um sorriso. Mesmo assim, segundo ela, às vezes ela acorda às duas da manhã sentindo o peso da dupla pressão de ser uma boa mãe e uma boa líder corporativa. "Eu penso: será que já marquei aquela reunião com a professora do meu filho mais velho? E de repente lembro que preciso preparar aquele outro slide para a próxima reunião do conselho."

E ter um cofundador que também é o seu marido nas horas extras resulta numa dinâmica intensa, até para os padrões do Vale do Silício, onde é comum passar as noites no escritório. "Não é fácil", disse o financista original, Oren Zeev. "Eles estão fazendo malabarismos. Toda a vida deles é o trabalho e a família." Outros CEOs do Vale do Silício levam a sério a atitude de trabalhar muito mas também se divertir muito, intercalando conferências em Davos e Aspen com atuação em conselhos de administração de instituições de caridade e casas de praia ou de campo. Tatarko e Cohen são a exceção. Eles lideram uma empresa, cuidam dos filhos e tentam dormir algumas horas entre uma coisa e outra. É só. Algumas noites Tatarko trabalha até tarde e Cohen corre para casa para jantar com os garotos. Outras noites eles invertem os papéis.

Até no escritório parece que Tatarko e Cohen estão sempre tentando encaixar trinta horas de atividades em um dia de vinte e quatro horas. A ampla mesa dela fica num canto do escritório gigantesco e sem divisórias. Cercada de pessoal do editorial, ela se concentra na expansão internacional. Quase 30% dos visitantes do site já são de fora dos Estados Unidos, sendo que a maioria chegou por acaso. Em 2014, a Houzz estava abrindo escritórios em Londres e Sydney e traduzindo o site para o alemão e o francês. Um excelente design, Tatarko argumenta, pode ser criado em qualquer lugar do mundo e boas ideias são boas ideias, não importa qual seja o fuso horário original.

Cohen, por sua vez, fica em outro canto, no centro do reinado da engenharia. Sim, o site é bonito, mas a tecnologia por trás dele é obsessiva. Ele e o desenvolvedor Guy Shaviv patentearam algumas funcionalidades do Houzz, como pequenas tags informativas verdes vinculadas a pias, luminárias e outros objetos, oferecendo aos usuários a chance de clicar para saber mais detalhes. Para evitar que as etiquetas se pareçam com anúncios agressivos, Shaviv fez que elas balançassem de um lado a outro na versão para celular, como pequenas árvores de Natal. Algoritmos ocultos possibilitam mais de uma centena de diferentes arcos de pêndulo para cada tag e todas elas oscilam em velocidades diferentes. A mais recente obsessão de Cohen é uma nova versão do app para o iPad, que já permite que designers e arquitetos deixem seus portfólios em casa.

Todos os dias, Tatarko e Cohen ficam isolados no próprio mundo até o meio-dia, quando param por uma hora para almoçar juntos. O almoço está longe de ser uma fuga romântica e eles normalmente conversam sobre coisas como o design do site ou as últimas notícias sobre um filho que está doente em casa. Ofir Zwebner, engenheiro da Houzz que conhece Cohen e Tatarko há mais ou menos uma década, contou que um "bate-boca cordial" ajuda os dois a resolver praticamente qualquer problema. Eles não fingem que tudo está perfeito, mas se acotovelam para abrir o caminho a cada novo desafio, sabendo que, com um pouco de toma lá dá cá, eles sempre acabam encontrando a resposta certa. Lá pela uma da tarde, eles estão de volta aos seus cantos separados do escritório.

Os limites são importantes em uma família que vive sob a constante pressão de demandas conflitantes. Um tempo atrás, os filhos mais velhos do casal reclamaram que, mesmo quando os pais iam para casa, parecia que a cabeça deles continuava no trabalho, sem conseguir desgrudar os olhos do smartphone. Agora, Tatarko diz que eles instituíram uma nova regra em casa e todo mundo precisa largar os dispositivos no tempo reservado à família. Os pais guardam os smartphones e os filhos largam videogames e iPads.

"É muito mais difícil administrar uma startup quando se tem filhos", disse Cohen. Babás trabalhando em dois turnos ajudam os pais a cuidar das crianças durante o dia e parte da noite. Mas em muitas situações os pais preferem não delegar. Cohen tem o hábito de jogar basquete com o filho mais velho, Ben. Para a surpresa dos pais, quando eles começaram a falar em reformar a entrada da garagem, Ben os confrontou com um IdeaBook do Houzz mostrando várias maneiras de transformar o espaço em uma miniquadra de basquete. Eles podem ter de deixar os carros na rua. Mas Ben não vê problema nisso.

"O que a gente podia fazer?", Tatarko deu de ombros. "Marcamos para ele conversar com o arquiteto. E o arquiteto levou muito a sério as ideias de Ben. As coisas precisam mudar. Eles estão crescendo e a empresa também está crescendo."

CAPÍTULO DEZESSEIS

JAN KOUM, WHATSAPP: O GAROTO- -PROPAGANDA DO SONHO AMERICANO

É difícil pensar numa descrição adequada para expressar o tamanho da façanha de Jan Koum ao fundar o WhatsApp e, ainda por cima, vendê-lo para o Facebook por US$ 19 bilhões. A startup de maior sucesso da história do Vale do Silício? O maior acordo do século no setor da tecnologia? As duas descrições provavelmente são verdadeiras, mas acho que tem muito mais peso falar em termos de a maior saga de mendigo a príncipe da história norte-americana.

Alguém pode querer questionar isso, mas Koum, hoje com 39 anos, sem dúvida pertence à lista dos dez mais, pensando tanto no tamanho de sua fortuna quanto na velocidade de seu enriquecimento e suas origens. Ele nasceu na Ucrânia, nas proximidades de Kiev, e emigrou aos Estados Unidos quando ainda era um adolescente revoltado. Filho único, ele morou com a mãe, que sobrevivia com o dinheiro da previdência social na cidade de Mountain View, na Califórnia, antes de ela sucumbir ao câncer. Sozinho, sem ao menos ter concluído o ensino médio, Koum se tornou um autêntico filho do Tio Sam.

165

Para alguém que processa as conversas de mais de meio bilhão de pessoas ao redor do mundo, Koum é um homem bastante reservado. **Parmy Olson** levou dezoito meses para convencê-lo a conversar com ela para escrever este artigo e ele nunca mais recebeu nenhum outro jornalista desde então. Mas por vários meses, Koum e Olson bateram papo e se encontraram regularmente, justamente durante as negociações para o maior acordo de todos os acordos no setor da tecnologia, resultando num delicioso vislumbre do desenrolar de um grande evento da história empresarial. O artigo foi publicado horas depois que o acordo foi fechado e alguém da empresa, para intensificar o efeito, imediatamente enviou a Olson uma foto por WhatsApp. Era uma foto de Koum assinando na linha pontilhada — o que efetivamente colocaria em seu bolso a fortuna, tirando os impostos, de US$ 6,8 bilhões — tendo aos fundos a porta do escritório da previdência social que ele costumava frequentar na adolescência. O Sonho Americano continua acontecendo no Vale do Silício.

"**Q**ue tal um encontro?"

O campo do assunto do e-mail era parecido com todos os outros chamarizes que entraram na caixa postal de Jan Koum na primavera de 2012. Ele era assediado diariamente por investidores em busca de uma participação em sua empresa, a WhatsApp. Nascido no dia do aniversário de Koum, 24 de fevereiro de 2009, o WhatsApp estava se transformando em um fenômeno global. Cerca de 90 milhões de pessoas usavam o app para enviar mensagens de texto e fotos de graça. Nenhum outro app social tinha crescido tão rápido. O Facebook tinha apenas 60 milhões de usuários no terceiro aniversário. E, na época, perto da metade dos usuários do WhatsApp voltavam diariamente ao app.

Koum deu uma olhada no remetente do e-mail: Mark Zuckerberg. Aquilo era novo. O fundador do Facebook estava usando o WhatsApp e queria se encontrar para jantar. Koum pensou um pouco até que finalmente respondeu dizendo que estava saindo de viagem para resolver problemas com o servidor. Zuckerberg sugeriu um encontro antes da viagem. Koum encaminhou a resposta a seu cofundador, Brian Acton, e seu único financiador de *venture capital*, Jim Goetz, partner da Sequoia Capital, acrescentando a palavra: "Persistente!".

Aceite a reunião, Acton sugeriu: "Quando alguém do calibre de Mark entra em contato diretamente com você, você atende o telefone".

Koum almoçou com Zuckerberg no fim daquele mês na Esther's German Bakery, um restaurante escolhido pelo discreto pátio nos fundos e pela localização, a 30 quilômetros do campus do Facebook. No almoço, Zuckerberg disse que admirava a empresa de Koum e manifestou interesse em combinar as duas empresas.

Assim teve início o flerte de dois anos mais lucrativo da história da tecnologia, no qual a admiração levou a uma amizade e a uma apressada e sem precedentes transferência de riqueza, tudo assinado e selado à porta do escritório da previdência social que Koum costumava frequentar. No início de 2014, o Facebook comprou o WhatsApp por US$ 4 bilhões em dinheiro, US$ 12 bilhões em ações (8,5% da empresa), mais US$ 3 bilhões em ações restritas. O acordo consolidou Zuckerberg como a nova fábrica de bilionários do setor da tecnologia. Koum, um engenheiro tímido porém brilhante que tinha imigrado da Ucrânia aos Estados Unidos sem praticamente estudo algum, entrou no conselho de administração do Facebook e embolsou, fora os impostos, a fortuna de US$ 6,8 bilhões. Seu cofundador, Brian Acton, um homem cortês de 43 anos, ex-engenheiro da Yahoo, que foi rejeitado em processos de seleção tanto no Twitter quanto no Facebook, saiu com US$ 3 bilhões, sem os impostos. O acordo, segundo ele, o deixou "atônito". A Sequoia Capital, a única empresa de *venture capital* a ter um gostinho do acordo, ficou com US$ 3,5 bilhões, uma quantia que representava um retorno de sessenta vezes o investimento de US$ 58 milhões.

Os montantes eram malucos para uma empresa de apenas 56 funcionários e aproximadamente US$ 20 milhões de receita, mas fazia sentido para o Facebook. O WhatsApp é um dos aplicativos mais utilizados do mundo, perdendo apenas para o e-mail e o telefone, e agora também oferece chamadas de voz. Seus 480 milhões de usuários já destruíram US$ 33 bilhões em receitas provenientes de SMS de operadoras de telefonia móvel que enriqueceram e engordaram cobrando por mensagem de texto. O WhatsApp não cobra nada no primeiro ano e pede ao usuário para pagar US$ 1 ao ano depois disso. Sem anúncios, sem tentativas de vender adesivos ou upgrades premium. Em conversas posteriores, Zuckerberg prometeu aos fundadores do WhatsApp que exerceria "zero de pressão" para ganhar dinheiro, dizendo: "Eu adoraria se vocês conseguissem conectar entre quatro e cinco bilhões de pessoas nos próximos cinco anos".

A WhatsApp poderia acabar rendendo muito dinheiro a Zuck. Cada usuário custa à WhatsApp cinco centavos de dólar e a empresa só cobra dos clientes de alguns poucos países, como os Estados Unidos e a Grã-Bretanha, onde os pagamentos móveis são relativamente maduros. A WhatsApp acredita que consegue chegar à marca do US$ 1 bilhão em receita anual até 2017 à medida que o serviço cresce e o faturamento é ajustado. Os insiders afirmam que o app também poderia começar a cobrar de companhias aéreas ou empresas como o Uber pelo direito de enviar mensagens pelo aplicativo com a permissão dos usuários.

O grande risco, como sempre, é um êxodo em massa de usuários para a próxima novidade. No entanto, isso não parece provável por enquanto. Acton confirmou que a WhatsApp estava cadastrando um milhão de novos usuários por dia nos primeiros meses de 2014. Todo mundo que mora em Hong Kong e tem um smartphone usa WhatsApp. Nos Emirados Árabes Unidos as pessoas podem assistir ao WhatsApp Academy na TV. Na Holanda, onde 9,5 milhões de pessoas (mais da metade da população) usam ativamente o app, o verbo "Whatsappen", que quer dizer enviar uma mensagem pelo WhatsApp, virou um verbo dicionarizado em holandês. Os jogadores de futebol profissional do Brasil usam grupos no WhatsApp para organizar greves trabalhistas durante os jogos. "Em algum momento, num futuro não muito distante", disse Goetz, da Sequoia, "o WhatsApp deve acabar com todo o tráfego de SMS do planeta".

Para entender como a WhatsApp chegou aonde está hoje, bastar andar algumas quadras a partir da sede não identificada da empresa em Mountain View até um edifício branco abandonado em frente aos trilhos de trem, onde se localizava o escritório da previdência social de North County. Lá, Koum ficava na fila para receber cupons de auxílio-alimentação.

Koum nasceu e cresceu na pequena cidade de Fastiv, nas proximidades de Kiev, na Ucrânia, filho único de uma dona de casa e um gerente de uma empreiteira que construía hospitais e escolas. Eletricidade e água quente eram racionadas. Seus pais raramente falavam ao telefone porque as conversas podiam estar sendo interceptadas pelo Estado. Parece uma situação ruim, mas Koum ainda lembra com saudades da vida rural de sua infância, uma das principais razões pelas quais ele é tão veementemente contra o alvoroço da publicidade.

Aos 16 anos, em 1992, Koum e a mãe imigraram para Mountain View, na Califórnia, para escapar de um ambiente antissemita e uma conjuntura política preocupante e o serviço de assistência social do governo os colocou em um pequeno apartamento de dois quartos. O pai, que morreu em 1997, nunca conseguiu chegar ao território norte--americano. A mãe de Koum tinha enchido as malas deles com canetas e uma pilha de vinte cadernos feitos na União Soviética para não precisar pagar por material escolar nos Estados Unidos. Ela trabalhava de babá e Koum varria o chão de um supermercado para ajudar a pagar as contas. Quando a mãe foi diagnosticada com câncer, eles estavam sobrevivendo só com o auxílio-doença dela. Koum tinha um inglês razoável, mas não gostava da natureza casual e inconstante das amizades da escola nos Estados Unidos. Na Ucrânia as pessoas passam dez anos com o mesmo grupinho de amigos. Lá, segundo ele, "você realmente conhece as pessoas".

Koum foi expulso da escola e teve de estudar em um programa alternativo, mas, aos 18, já tinha aprendido sozinho a mexer em redes de computadores comprando manuais em um sebo e devolvendo os livros depois de lê-los. Ele entrou em um grupo de hackers chamado w00w00 na EFnet, uma rede de Internet Relay Chat, deu um jeito de entrar nos servidores da Silicon Graphics e bateu um papo com Shawn Fanning, cofundador do Napster.

Matriculou-se na Universidade Estadual de San Jose e fazia bicos na Ernst & Young como verificador de segurança. Em 1997, Koum se viu sentado do outro lado da mesa com Acton, o funcionário número 44 da Yahoo, para inspecionar o sistema de publicidade da empresa. "Dava para ver que ele era meio diferente", lembrou Acton. "Ele era um cara bem pés no chão, tipo 'Quais são as políticas de vocês? O que vocês fazem aqui?'". Outros funcionários da Ernst & Young usavam táticas de apelo emocional, como dar garrafas de vinho de presente. "Esse tipo de coisa não faz diferença", comentou Acton.

Acontece que Koum também gostou do estilo prático e objetivo de Acton: "Nem eu nem ele temos paciência para conversa furada", disse Koum. Seis meses depois, Koum fez uma entrevista na Yahoo e entrou como engenheiro de infraestrutura. Ele ainda estudava na Universidade Estadual de San Jose quando, duas semanas depois de começar na Yahoo, um dos servidores da empresa entrou em pane. David Filo, cofundador da Yahoo, ligou para o celular dele pedindo ajuda. "Estou numa aula na faculdade", Koum respondeu discretamente. "Que porra você está fazendo na faculdade?", Filo explodiu. "Venha agora para o escritório." Filo tinha uma pequena equipe de engenheiros especializados em servidores e precisava de toda a ajuda que conseguisse. "Eu odiava a faculdade de qualquer maneira", disse Koum. Ele largou os estudos.

Quando a mãe de Koum morreu de câncer em 2000, o jovem ucraniano de repente se viu sozinho. Ele diz que Acton ajudou muito. "Ele me convidava para ir à casa dele", Koum lembrou. Os dois foram esquiar e jogar futebol e Ultimate Frisbee.

Ao longo dos nove anos seguintes, a dupla viu a Yahoo passar por vários altos e baixos. Nenhum dos dois gostava de lidar com anúncios. "Você não melhora a vida de ninguém melhorando os anúncios", Acton explicou. Em seu perfil do LinkedIn, Koum descreve com zero entusiasmo seus últimos três anos na Yahoo com as palavras: "Fiz uns trabalhos lá".

Em outubro de 2007 eles partiram em uma viagem de um ano para desestressar, percorrendo a América do Sul e jogando frisbee. Ironicamente, os dois se candidataram a empregos no Facebook e foram rejeitados. Os US$ 400 mil que Koum tinha poupado enquanto trabalhava na Yahoo estavam acabando e ele estava sem rumo na vida. Então, em janeiro de 2009, ele comprou um iPhone e começou a usar a App Store. Era uma nova indústria se formando. Ele costumava ir à zona oeste de San Jose frequentar a casa de Alex Fishman, um amigo russo que gostava de convidar a comunidade russa para noites semanais de pizza e cinema. Às vezes quarenta pessoas chegavam a comparecer. Os dois passaram horas falando sobre a ideia de Koum de criar um app tomando chá no balcão da cozinha de Fishman.

"Jan estava me mostrando sua agenda de contatos", Fishman lembra. "Ele achava que seria muito legal poder ver o status das pessoas ao lado do nome delas". O status mostraria se você estivesse numa ligação, se a bateria estivesse acabando ou se você estivesse na academia. Koum poderia se encarregar das entranhas do serviço, mas precisava de um desenvolvedor que conhecesse o iPhone. Então, Fishman apresentou

Koum a Igor Solomennikov, um desenvolvedor da Rússia que encontrou no RentACoder.com.

Koum quase imediatamente escolheu o nome WhatsApp porque soava como "What's up?", algo como "O que rola?". Uma semana depois, no dia de seu aniversário, ele fundou a empresa WhatsApp na Califórnia. O código ainda nem tinha sido escrito. Koum passou dias escrevendo o software para sincronizar o app com qualquer número de telefone do mundo, debruçado sobre uma página da Wikipédia que relacionava prefixos internacionais. Ele passaria muitos meses alucinados atualizando o app para se adequar às centenas de nuances regionais.

As primeiras versões do WhatsApp ficavam dando pau e travando e, quando Fishman o instalou em seu celular, só um punhado de pessoas de sua agenda de contatos tinha baixado o app. Comendo costela no Tony Roma em San Jose, Fishman repassou os problemas do app, que Koum anotou em um dos cadernos da era soviética que sua mãe tinha levado aos Estados Unidos e ele tinha guardado para usar em projetos importantes. Koum quase desistiu e murmurou para Acton que precisava procurar outro emprego. "Você seria um idiota se desistisse agora", disse Acton. "Aguente mais alguns meses."

A ajuda veio da Apple, que lançou notificações instantâneas (chamadas de notificações "push") em junho de 2009, permitindo aos desenvolvedores de apps mandar pings aos usuários quando eles não estavam usando o app. Koum atualizou o WhatsApp para que, a cada vez que você alterasse o seu status — "Não posso falar agora, estou na academia" — o app notificasse todos os integrantes da sua rede. Os amigos russos de Fishman começaram a usar o app para mandar pings uns aos outros com status customizados para a situação, como "Perdi a hora" ou "Estou chegando".

"De repente o app acabou virando uma espécie de app de mensagens instantâneas", disse Fishman. "A gente começou botando status do tipo 'Ei, tudo bom por aí?' E alguém respondia". Koum notou as mudanças de status num Mac Mini em seu apartamento em Santa Clara e percebeu que ele sem querer tinha criado um serviço de mensagens. "Poder entrar em contato com alguém do outro lado do mundo, instantaneamente, com um dispositivo que está sempre com você, era incrível", disse Koum.

O único outro serviço de mensagens de texto gratuitas na época era o BBM do BlackBerry, que só funcionava com BlackBerrys. As pessoas podiam usar o G-Talk do Google e o Skype, mas no WhatsApp o login era o número de telefone e ninguém precisava decorar mais uma senha para ter acesso ao serviço. Em setembro de 2009, Koum lançou uma nova versão que incluía um componente de mensagens e viu o número de usuários ativos decolar rapidamente para 250 mil.

Ele precisava de ajuda e procurou Acton, que ainda estava desempregado e metido em outra ideia para uma startup que não estava dando em nada. Em outubro, Acton convenceu cinco ex-colegas da Yahoo a investir US$ 250 mil em capital semente e foi agraciado com o cargo de cofundador, bem como com uma participação na empresa. Ele entrou oficialmente na Whatsapp em novembro daquele ano. Eles trabalhavam em mesas baratas da Ikea num espaço sublocado no galpão convertido da Evernote no centro de Mountain View. Usavam cobertores para se aquecer. O escritório não tinha qualquer placa ou letreiro de identificação. "Para chegar lá, as instruções eram: 'Ache o prédio do Evernote. Vá para os fundos. Encontre uma porta sem identificação. Bata'", conta Michael Donohue, um dos primeiros engenheiros da BlackBerry na WhatsApp, lembrando de sua primeira entrevista.

Com Koum e Acton trabalhando de graça nos primeiros anos, o maior custo inicial da empresa era o envio de textos de verificação aos usuários. Os fundadores por vezes tiravam o app da lista de apps gratuitos e o incluíam na lista de apps pagos para evitar crescer mais rápido do que a renda proveniente de assinantes. Em dezembro, eles atualizaram o WhatsApp para o iPhone incluindo a capacidade de enviar fotos e ficaram chocados ao ver o número de usuários crescendo mesmo ao preço de US$ 1. "Quer saber, acho que dá para a gente continuar na lista dos pagos", Acton propôs a Koum.

No início de 2011, o WhatsApp já estava na lista dos top 29 apps da App Store da maioria dos países. (O app levou um tempo a mais para se popularizar nos Estados Unidos devido à propensão dos norte-americanos de fazer planos de mensagens de texto ilimitadas.) Koum e Acton agora tinham o trabalho de repelir o assédio dos investidores. Acton equiparava o financiamento de VC a um resgate financeiro. Mas Jim Goetz, partner da Sequoia, passou oito meses acionando seus contatos para convencer um dos fundadores. Ele se encontrou com uma dúzia de outras empresas de serviços de mensagens, como a Pinger, a Tango e a Beluga, mas ficou claro que a WhatsApp era líder e, para a surpresa de Goetz, a startup já pagava impostos de renda corporativos: "Foi a única vez que vi isso em toda a minha carreira no VC". Ele acabou convencendo Koum e Acton a comparecer a uma reunião. Eles o bombardearam de perguntas e exigiram que os anúncios fossem proibidos. A dupla finalmente concordou em aceitar um financiamento de US$ 8 milhões da Sequoia em abril de 2011, com a empresa avaliada em US$ 80 milhões.

Dois anos depois, em fevereiro de 2013, quando a base de usuários do WhatsApp tinha inchado para cerca de 220 milhões de usuários ativos e o número de funcionários para trinta, Acton e Koum concordaram que era hora de levantar mais alguns fundos. "Só para garantir", explica Acton, que lembrou que sua mãe, que tinha a própria empresa de agenciamento de cargas, costumava passar noites em claro preocupada com as contas a pagar. "A pior coisa é não poder pagar os funcionários." Eles decidiram fazer uma segunda rodada de financiamento, em sigilo. A Sequoia investiria mais US$ 50 milhões para reforçar sua participação para 25%, com a WhatsApp avaliada em US$ 1,5 bilhão. Na ocasião, Acton tirou uma captura de tela do saldo da conta bancária da empresa e mandou a imagem a Goetz. O saldo era de US$ 8,257 milhões, ainda mais do que todo o dinheiro que eles receberam anos antes.

Nos idos de 2012, antes daquela rodada de US$ 50 milhões e de toda a loucura que logo se seguiria, Koum teve tempo de ponderar sobre seu almoço com Zuckerberg. Ele e Acton tinham US$ 8 milhões no banco e tudo o que queriam era manter a independência, de modo que as sondagens do Facebook desde então nunca chegaram à fase de lances por escrito. Em vez disso, Zuckerberg e Koum fizeram amizade, encontrando-se mais ou menos uma vez por mês para jantar.

Durante o ano seguinte, a WhatsApp concentrou-se em aumentar o número de usuários, passando dos 300 milhões. Em junho de 2013, os fundadores conheceram por acaso Sundar Pichai, que supervisiona o Android e o Chrome na Google. Os três conversaram sobre a paixão que tinham por produtos digitais minimalistas e simples. Em algum momento lá pelo início de 2014, Pichai decidiu que seria interessante para Koum e Acton conhecer seu CEO, Larry Page. Eles marcaram a reunião para uma terça-feira, 11 de fevereiro.

Na sexta-feira antes da reunião, um funcionário da WhatsApp topou com o diretor de desenvolvimento de negócios do Facebook, Amin Zoufonoun, e comentou que Koum se reuniria com Page em breve. Zoufonoun correu para levar a notícia para o Facebook e mexeu os pauzinhos para acelerar uma oferta de aquisição que já vinha sendo desenvolvida havia algum tempo. Zuckerberg chamou Koum à sua casa na segunda-feira à noite e finalmente botou na mesa a ideia de uma aquisição que manteria a independência da WhatsApp e, em uma concessão importantíssima, daria a Koum uma cadeira no conselho de administração do Facebook. "Era uma parceria e eu teria a chance de ajudá-lo a tomar decisões na empresa", lembrou Koum. "Foi a combinação de tudo o que falamos e deixou a coisa bem interessante para a gente."

No dia seguinte, Koum e Acton foram à sede da Google em Mountain View e se reuniram com Page e Pichai em uma das reluzentes salas de conferência brancas da empresa. Eles conversaram durante uma hora sobre o mundo das plataformas móveis e sobre as metas da WhatsApp. "Foi uma conversa agradável", disse Koum. Page, ele acrescentou, é "um cara esperto".

Quando perguntei se ele teve a impressão de que Page tinha interesse em adquirir a WhatsApp, Koum parou para pensar. "Não", foi a resposta. Ele nem sugeriu nada? "Talvez... não sou muito bom em ler nas entrelinhas."

Se Page tivesse interesse em adquirir a WhatsApp, como alguns relatos posteriores levaram a crer, a reunião foi um pouco tarde demais. O processo de aquisição já estava em andamento em Menlo Park e, na WhatsApp, os fundadores e seus conselheiros estavam ocupados calculando o montante que eles poderiam pedir nas negociações do acordo. Segundo um relato, os fundadores da WhatsApp estavam mais interessados em manter a independência do que no dinheiro, mas outra fonte afirmou que eles também achavam que valiam pelo menos US$ 20 bilhões, um valor calculado analisando a capitalização de mercado do Twitter, a base de usuários global da WhatsApp e os planos da empresa para a monetização.

Na quinta-feira daquela mesma semana, Koum e Acton foram jantar na casa de Zuckerberg às sete da noite, ocasião na qual Acton encontrou Zuckerberg pela primeira vez. "Um dia eu quero que vocês superem a gente em número de usuários", Zuckerberg lhes disse. "O que vocês fazem tem um uso muito mais comum." Zuckerberg disse que gostaria que eles continuassem fazendo o que já estavam fazendo, mas com o apoio dos recursos jurídicos, financeiros e de engenharia do Facebook.

Às nove da noite, Acton foi para casa cuidar de sua jovem família. Koum e Zuckerberg ficaram para botar as cartas na mesa e fazer suas apostas. Segundo uma fonte, Zuckerberg ofereceu cerca de US$ 15 bilhões e Koum afirmou que estava pensando em um valor perto dos US$ 20 bilhões. O fundador do Facebook pediu um tempo para pensar.

No dia seguinte, sexta-feira, 14 de fevereiro, Koum e Acton posaram para uma sessão de fotos para a *Forbes* no escritório deles. Quando o fotógrafo saiu, às seis e meia da tarde, Koum foi com seu Porsche à casa de Zuckerberg para outra reunião. Koum negou relatos de que teria interrompido o jantar do Dia dos Namorados dos Zuckerbergs. "Não foi como se eles estivessem jantando à luz de velas e eu chutei a porta para invadir a casa." Ele já tinha sido recebido por Zuckerberg e estava pronto para ir embora quando a mulher de Mark, Priscilla Chan, chegou do trabalho. Koum e Zuckerberg comeram um lanche enquanto tratavam dos detalhes finais da parceria e da independência da WhatsApp, da qual Koum não abria mão, mas os dois ainda não tinham chegado a um acordo.

Finalmente, no sábado à noite, Koum e Zuckerberg passaram a conversa da cozinha para o sofá da sala, antes de Zuckerberg oferecer US$ 19 bilhões e termos que agradaram a Koum. Era "algo que eu achava que a gente poderia fazer do nosso lado", Koum respondeu.

Koum esperou Zuckerberg sair da sala e ligou para Acton, que estava em casa. Eram nove da noite. "Eu só quero saber o que você quer fazer", disse Koum, passando ao amigo os últimos detalhes combinados. "Quer seguir em frente?"

"Eu gosto do Mark", Acton respondeu. "Acho que vai rolar a gente trabalhar com ele. Vamos bater o martelo." Koum saiu da sala e foi procurar Zuckerberg. "Acabei de falar com Brian", disse Koum. "Ele acha que a gente deve trabalhar juntos, que você é um cara legal e que a gente deve ir em frente."

Os dois apertaram as mãos e depois se abraçaram. Zuckerberg comentou que estava "superempolgado" e sacou uma garrafa de Johnnie

Walker Blue Label, que ele sabia que era o uísque favorito de Koum. Os dois ligaram para seus respectivos diretores de desenvolvimento de negócios para finalizar o processo. Cerca de uma hora depois, Koum voltou para casa e foi dormir.

Advogados e banqueiros passaram o fim de semana correndo para preparar os documentos do acordo a serem assinados até quarta-feira de manhã, antes que todo mundo saísse de viagem para o Mobile World Congress em Barcelona. Em vez de assinar os documentos na sede da WhatsApp, eles percorreram duas quadras de carro, por sugestão de Jim Goetz, até o prédio abandonado — situado na Moffett Boulevard, 101 — onde Koum ficava na fila para pegar cupons de auxílio-alimentação do governo. Koum os assinou na frente da porta principal.

Quando voltaram ao escritório, Koum enviou uma mensagem por WhatsApp para "WhatsApp All", o grupo de bate-papo de todos os funcionários, anunciando uma reunião geral na sala de conferências às 2 da tarde.

"Pessoal, o que está acontecendo é o seguinte...", ele começou quando todos se apinharam na sala. "Vamos fazer uma fusão com o Facebook." Koum e Acton disseram aos funcionários chocados que ficaria tudo bem e que eles manteriam a independência das operações. Às duas e meia da tarde, a porta da sala de conferências voltou a se abrir e Mark Zuckerberg entrou na sala. Ele falou brevemente com a pequena equipe do WhatsApp e apertou a mão deles. Depois de uma conferência telefônica com os investidores, Koum voltou ao trabalho. "Ainda temos uma empresa para rodar", ele disse, casualmente.

Agora cabe a Zuckerberg e Koum descobrir como fazer a WhatsApp valer os US$ 19 bilhões que o Facebook pagou pela empresa. O primeiro passo foi se certificar de que o app continuasse rodando. No sábado, depois de o acordo ser anunciado, pessoas ao redor do mundo inundaram os servidores da WhatsApp para se cadastrar. O app ficou quatro horas fora do ar. Os fundadores disseram que foi pura coincidência, mas o momento foi péssimo para uma startup que se orgulha da confiabilidade do serviço. Koum e Acton são tão obcecados pelo tempo de funcionamento que ninguém tem permissão de conversar com o pessoal encarregado dos servidores da WhatsApp nos meses antes do Natal, quando a empresa se prepara para um dilúvio de mensagens.

Visitantes raramente têm entrada permitida no escritório, para evitar a distração. Um quadro branco mostra o número de dias desde a última pane ou incidente, como uma fábrica mostra o número de dias desde o último acidente no chão de fábrica. "Uma mensagem é como o seu primogênito", disse Acton, que acabou de ter um filho. "A gente não pode deixar a mensagem cair, jamais." Ele sacou uma foto de seu finado padrasto, enviado a seu celular em abril de 2012. "É por isso que eu odeio o Snapchat", um app no qual fotos e mensagens desaparecem após serem exibidas.

O dinheiro vai começar a entrar em profusão quando a WhatsApp conseguir resolver os termos para acordos de faturamento simplificados com operadoras de telefonia móvel. Koum não quer arriscar impor aos usuários um sistema complicado de solicitação de pagamentos e provocar uma debandada na direção dos rivais gratuitos. Por enquanto, o WhatsApp só é pago em um punhado de países onde a penetração do cartão de crédito é alta e os sistemas de pagamentos móveis são culturalmente predominantes. A Google está fazendo acordos de faturamento com as operadoras em nome de todos os apps do Android, mas o progresso tem sido lento: o faturamento de operadoras para o Android só está disponível em 21 países e, para o constante desgosto dos outros desenvolvedores, os pagamentos móveis ainda não foram padronizados. Koum acredita que o grosso do dinheiro vai começar a entrar a partir de 2017, quando ele planeja ter 1 bilhão de usuários. "Ainda estamos no começo das nossas iniciativas de monetização", disse Neeraj Arora, diretor de desenvolvimento de negócios da WhatsApp. "A receita não é importante para a gente." Arora intermediou parcerias com cerca de cinquenta operadoras para incluir o app em planos de mensagens de texto. Ele também fechou uma parceria não comercial com a Nokia para incluir um botão para o WhatsApp no modelo acessível Asha 210.

Outra prioridade é impedir as pessoas de passar para outro serviço. O medo de perder usuários foi o que levou Zuckerberg a pagar tanto pela empresa e não há muito como impedir os usuários de abandonarem o WhatsApp. "Nos últimos cinco anos, a WhatsApp se concentrou exclusivamente em oferecer 'SMS, mas de graça' e fizeram um trabalho espetacular nesse sentido. Mas, mais cedo ou mais tarde, os usuários vão partir para a próxima", arrisca Ted Livingston, um ex-engenheiro da BlackBerry que fundou o Kik, um app amigável de troca de mensagens.

"É por isso que eu acho que o WhatsApp tem um cheiro de BlackBerry. O BlackBerry passou anos focado exclusivamente no e-mail. Mas, quando os consumidores viram isso, eles perguntaram: 'E agora? Qual é a próxima onda?'. O iPhone chegou com uma resposta a essa pergunta e de repente o BlackBerry ficou comendo poeira."

Koum continua focado em manter o WhatsApp rodando e em impedir os usuários de abandonar o serviço. Uma ou duas noites por mês, ele vai a um edifício cinza de blocos de concreto em San Jose e entra numa academia mal iluminada para uma aula particular de boxe com um treinador mascando chiclete ao lado de um alto-falante gigantesco tocando rap no volume máximo. "Ele gosta do Kanye", disse o treinador, sorrindo. Ele levantou duas luvas enquanto Koum, do alto de seu 1,89 metro de altura, dava socos precisos e potentes. Koum sentava-se para uma pausa de tempos em tempos, tirando as luvas de boxe e checando mensagens de Acton sobre os servidores da WhatsApp. O estilo de Koum é bastante focado, de acordo com o treinador. Ele não quer entrar no kickboxing, como a maioria dos outros alunos, mas só quer refinar os socos. Daria para dizer o mesmo de certo serviço de mensagens que almeja ser o mais simples e direto possível.

"É verdade", Koum disse, com o rosto corado enquanto vestia as meias e os sapatos. "Eu quero fazer uma coisa só e fazer essa coisa bem-feita."